経営学の開拓者たち

神戸大学経営学部の軌跡と挑戦

上林憲雄・清水泰洋・平野恭平［編著］

中央経済社

刊行に寄せて

神戸大学経営学部は国公立私学を通じて我が国に初めてできた経営学部である。神戸大学の新制国立大学としての出発は1949年であり、昨年度は設立70周年を迎え、本書はその記念として出版企画された。

神戸大学経営学部、大学院経営学研究科は、設立以来、「学理と実際の調和」を理念とし、教育研究活動を統合するポリシーとして「オープン・アカデミズム」を掲げている。大学は学問の府として、主体性を持ち自律的でなければならないが、それとともに社会に対しても開かれていなければならない。具体的には産業界との連携と相互交流を重視し、「理論知」と「実践知」との融合を目指している。社会に対する知の還元、「実践」に重きが置かれているところが神戸大学経営学部の特徴である。

経営学部は日本の経営学の研究拠点として、経営学・会計学・商学領域において、最先端の研究を推進する一方、教育拠点として、研究者を育成するPh.D.コース、産業界における高度専門職人材を育成するMBAコース、産業界を中心に将来の社会を担う人材を育成する学部教育の3つの教育体制を有している。高度な研究推進が教育の充実につながり、また教育を通じての研究の深化を目指している。学部教育において経営学特別学修プログラムおよび会計プロフェッショナル育成プログラムを提供するなど、高度人材育成のための実践的な教育内容を充実させている。

また近年では、海外大学とのグローバル・ネットワークや産業界との連携も拡大し続けている。学部及びPh.D.コースのそれぞれにおいて国際教育プログラムを設置し、Ph.D.レベルでの海外大学とのダブルディグリープログラム推進など、グローバルレベルでの経営教育を実践してきている。

経営学部の位置する六甲台キャンパスには、「わが國の經營學ここに生まれる」と刻まれた石碑がある。本書は、経営学という一つの学問領域がいかにして日本に誕生し、発展を遂げてきたかをそれぞれの専門分野の研究者達が掘り起こし、記した貴重な歴史的記録である。神戸大学の経営学発展の足跡を通じて、経営学という学問が常にその「知」を通して社会に貢献しようとするものであることを知って頂く手がかりとなれば幸いである。

2021年1月

神戸大学大学院経営学研究科長・経営学部長
南　知惠子

目次

刊行に寄せて

プロローグ　神戸大学と経営学の歩み　1

経営学の生みの親・1／低下する老舗の存在感・2／帝国大学の設立と人材養成・3／商業人材の養成・5／商人育成から大学教育へ・6／神戸と経営学・8／経営学の学問性・10／経営学の現在・11／本書について・12

I　経営学の生成と発展・15

第1章　平井泰太郎と経営学　17

1　神戸高等商業学校の設立　18
2　平井泰太郎と経営学の生成　19
3　平井経営学の体系　23
4　経営学における理論と実践　26
■学び舎の風景①　実学教育の源流　―水島銕也の教育思想―　28

■学び舎の風景② 街に向かい、海に開かれて ―神戸高商が目指した「知」― 30

第2章 経営学科と経営計録講習所の設置―33

1 神戸商業大学への昇格 34
2 経営学系科目の拡充 37
3 神戸経済大学への改称と経営学科の設置 40
4 経営学の実践的な展開としての経営計録講習所 42
■学び舎の風景③ 六甲台ラビリンスにて ―書物と人の「リアル」な出会い― 46
■学び舎の風景④ 経営学のマーケターとしての平井泰太郎 49

第3章 附属経営学専門部の設置と経営学部の独立―53

1 附属経営学専門部の設置 54
2 教育制度改革の中での経営学部の位置づけ 57
3 幻の阪神大学構想 62
4 新制神戸大学経営学部の誕生へ 63

■学び舎の風景⑤　余白の競演　―グラフィティー（落書き）の熱量―　67

第4章　神戸大学の開学と経営学部の誕生　71

1　日本初の経営学部　72
2　経営学部の基盤形成　75
3　経営学部の発展過程　79
4　経営学者の育成拠点　83
■学び舎の風景⑥　六甲台に聳える旧神戸商大施設　87

第5章　神戸大学経営学部の確立期　91

1　経営学ブームの到来と神戸大学経営学部の第2世代　92
2　市原季一とドイツ経営学　93
3　占部都美と近代経営学　95
4　海道 進と批判的経営学・社会主義経営学　97
5　第3世代へ　―実証研究をもとにした経営学への移行―　100

■学び舎の風景⑦　学生運動の激化と六甲台キャンパスの封鎖　103
■学び舎の風景⑧　若手会　105

第6章　社会人大学院の設立と展開　109

1　社会人大学院設立の契機　110
2　開設準備　112
3　見切り発車の実験的プログラム　113
4　日本型経営教育システム構想委員会　114
5　その後の展開　117
■学び舎の風景⑨　産学連携の手段　119
■学び舎の風景⑩　阪神・淡路大震災による被災下での教育・研究　121

第7章　大学院重点化と国立大学法人化　125

1　反知性主義のもとで迷走する大学改革　126
2　大学院重点化　127

3 国立大学法人化 132
4 経営学部の今後の発展へ向けて 136
■学び舎の風景⑪ 研究大学院への志向 138
■学び舎の風景⑫ 「複数の看板」の強み 141

第8章 学部生・大学院生の入学と進路 145

1 学部生の入学者 146
2 学部生の就職 147
3 大学院生の入学者 152
4 大学への就職 154
5 時代に対応した人材輩出 154
■学び舎の風景⑬ 凌霜会 156
■学び舎の風景⑭ ビジネス界からみた神戸大学経営学部 158

II　教育研究分野の展開・163

第9章　アカデミア発の実践的叡智　―経営戦略―　165

1　基本設計図としての経営戦略　166
2　社会人大学院の中核となる教育研究分野　168
3　「水島精神」を受け継ぐ「種を蒔く人」　170
4　ドイツ経営学の権威　172
5　経営戦略講座の確立と実学の叡智　174

第10章　組織づくりとマネジメント　―経営組織・経営管理―　179

1　アメリカ経営学の系譜　180
2　経営管理講座前史　181
3　経営形態論から経営管理学へ　183
4　行動科学としての経営管理　186
5　これからの経営管理　189

第11章　人間と経営　—経営労務・人的資源管理— 191

1　人間と経営の関わり　192
2　日本で最初の経営労務論　193
3　経営労働論の確立　195
4　理論と実践の架橋　196
5　組織・市場と人事管理　198
6　そして、これから　200

第12章　ものづくりと経営　—工業経営— 203

1　工業経営講座の誕生　204
2　工業経営論の体系化と襄山会　206
3　技術論からの工業経営の理論化　208
4　工業経営研究室のいまとこれから　211

第13章　資本の調達と運用　―経営財務―　215
1　経営財務論講座前史　216
2　経営財務論講座の誕生　―企業資本の理論的研究の先駆者―　216
3　経営財務論へのアメリカ・ドイツ複眼思考　219
4　経営財務論の資本市場論的総合　221
5　経営財務論へのエージェンシー・モデルとシグナリング・モデルによる接近　223
6　コーポレートファイナンスのさらなる実践的有用性の探求に向かって　225

エピローグ　神戸大学経営学部の使命　229
経営学の開拓者たち・229／国立大学改革・230／研究者養成のシステムとしての講座制・231／神戸大学経営学部の講座制・232／日本の経営学・234／謝辞・236

参考・引用文献一覧　239

付録1　神戸大学経営学部の略年表　251
2　講座・ユニット変遷図　254

1

プロローグ　神戸大学と経営学の歩み

経営学の生みの親

「経営学」というと、今や多くの人々が名前くらいは聞いたことがあるメジャーな学問領域である。2020年現在、日本全国の大学に経営学という領域名称を含んだ学部は、ざっと数えただけでも80を超え、学科を含めると110以上の大学において経営学が大学生に教育されている。

1990年代以降、いわゆる教養部改革など大学改革の波とともに、一時は経営学とかビジネス、マネジメントといったキーワードを含んだ学部や学科の創設が盛んに行われた時期もある。

しかし、その先駆けとなる日本で最初の経営学部が、神戸大学に開設されたことを知る人々はどの程度おられるであろうか。

経営学部が神戸大学から始まったという事実は、経営学を生業《なりわい》とする研究者にとってはよく知られた事実である。経営学博士は長らく神戸大学だけが授与できる学位であったし、神戸大学大学院経営学研究科を修了して大学教員として就職し、経営学を教えている教員の数は他大学出身者より断然多い。こうしたことは業界人にとっては半ば常識となっている。

ただ残念ながら、世間的にはこのような事実はあまり知られているとはいえない。例えば神戸大学経営学部の現役学生でも、経営学部の発祥が神戸大学であるという事実を知って入学してくる学生は殆どいない。毎年、入学後のオリエンテーションで聞いて初めてそのことを知ったという学生が大半である。入学時に配付される「学生便覧」にも、学部長名で経営学部の伝統や歴史、今日に至る経緯が年表の形で紹介されているが、大半の学生には関心をもって読まれていない。

低下する老舗の存在感

学生だけではない。かれこれ１９８０年代くらいまでは、神戸大学経営学部の卒業生は、産業界からも、東京大学や京都大学などの旧帝国大学の卒業生に勝るとも劣らぬブランドとして認知され、名だたる大企業に数多くの学生が就職してきた。入社以降、将来は会社を背負って立つキャリア組として大いに期待をかけられてきた。ただ、周知のように、昨今ではその勢いにも陰りが目立つようになっている。

毎年出版されている巷の大学ランキングにも、かつては「就職に強い」とか「上場会社の役員が多い」といった項目で神戸大学が上位に来ることもあったが、最近では神戸大学の名前を見出すことは多くはない。神戸大学経営学部卒の「看板」があまり効かなくなってしまっているのである。

つまるところ、せっかくの長い歴史と伝統を有する神戸大学の経営学部、経営学の老舗として学界や実業界をリードしてきた事実が、昨今では一般の方々にあまり知られておらず、社会的な存在感が薄くなってきているのである。

この状況を放置していてはまずい。社会の多くの方々に広く神戸大学経営学部の歴史・伝統と現在に至る経緯をもっと知っていただきたい。そういう思いのもと、企画されたのが本書である。

神戸大学経営学部の各時代における史実の詳細については以下の各章に譲ることとし、このプロローグでは、なぜ神戸という地に神戸大学経営学部の前身となる神戸高等商業学校が設立され、経営学という学問領域がどのようにして生まれ今日に至っているかについて、ざっとご紹介することにしよう。

帝国大学の設立と人材養成

時代は19世紀後半、日本が明治維新以降、近代化へ向けて歩みを進めていたころに遡る。当時、学問的な教育は「大学」において提供されるものであった。日本で初の大学となる東京大学が１８７７年に開学され、１８８６年の帝国大学令に基づき帝国大学と改称された後、京都、東北、九州、北海道、大阪、名古屋の各地に帝国大学が相次いで設立されていった。今でいう旧7帝大（外地の京城、台北を含めると9帝大）である。

六甲台本館前庭の一角に建つ経営学発祥の地を示す記念碑
＜編著者撮影＞

これらの帝国大学では、富国強兵・殖産興業のため必要となる人材の養成を積極的に行った。軍人や国家官僚、医師、教師、技術者といった人材の養成である。国の統治機構を強固にするには国家官僚の養成が必須であったし、伝染病や疫病の蔓延を防ぐには医師が必要であった。国民の教育水準を上げるには教師が必要であったし、土木や建築、機械、電気などの技術者も国の経済発展に欠かせない存在として認識されていた。これらの領域の人材養成は、帝国大学が開設されるまではその前身や役所の附属学校によって担われてきたのであるが、それらの人材養成が学問を担う大学という高等教育機関を通じて統合的に行われるようになったのである【[92]5頁】。

東京大学では、開学当時、法、医、工、文、理の5つの学部からスタートしたが、これらの学部はそれぞれ国家官僚と法律の専門家、医師、技術者、教師（文系、理系）といった人材の養成と対応するものであった。

しかし、これらの帝国大学における人材養成の展開には、富国強兵・殖産興業にとって必須となるはずの商業や経済学の登場は、纏まりのある学部という形では見ることができない。東京大学で法学部政治学科から独立する形で経済学科が新設されたのは1908年、商業学科が設置されたのは1909年であり、学部として経済学部が設置されるのは1919年である。つまり、東京大学では、商業学や経済学は、他の学問領域と比してその展開で遅れをとっていたことが窺える。

これには、江戸時代における士農工商の身分格差が明治期になってもすぐには消滅せず、商業は卑しいという偏見がまだ当時の日本社会に残っていたことや、商業活動は当時未だ発展途上にあり、外国との貿易もそれほど盛んではなかったといった事情が背景にある【[92]6－7頁】。

いずれにせよ、商業や経済活動を担う人材の養成は、当時大学で教育されるべき対象からは外され、1ランク下の領域として位置づけられていたのである。

商業人材の養成

ただし、商業や経済が当時の政府から全く無視されていたかというと、そういうわけではない。学問ではない一段下ではあったが、その社会的な必要性は認識されており、大学ではない別の機関において人材の養成が行われていた。その始まりが、1875年に設立された商法講習所（一橋大学の前身）である。

商法講習所は、初代文部大臣であった森《もり》有礼《ありのり》（1847－1889）により設立された私設の学校であった。生徒数も30人ほどの小規模校として設立され、外国商人とも正当に渡り合って取引ができる商人の育成を目的に、簿記や英語、算術、地理といった授業科目が教えられ、後に商法や商品学、経済学などの科目も加えられていった【[92]12頁】。

詳しい経緯は割愛するが、商法講習所はその後、1876年に東京府へ移管され公立校となり、さらに1884年には官立の東京商業学校を経て、1887年には高等商業学校へと改編される。全国の商業学校よりも一段上の「高等」な商業学校を新たに作り、商業学校の教員になる人材を養成すること、商業学校の卒業生よりも高い技能と学識を持った商業人を育成することが高等商業学校設立の目的であった。ここに、日本初の官立の高等商業学校（後の東京高等商業学校、一橋大学）が設立されるに至ったのである。

この高等商業学校（以下、高商）の設立は、日本経済の発展に寄与する多くの商人やビジネスパーソンの輩出に成功した。しかし、1880年代後半から1900年代初頭にかけての諸外国との貿易の拡大と日本経済の飛躍的な発展は、商業分野で活動する人々の数をますます必要とすることとなる。そこで、時の山縣有朋《やまがたありとも》（1838－1922）内閣は、東京以外に、第2番目となる高商の設立を計画した。その候補地となったのが神戸と大阪であった。

商人育成から大学教育へ

実は、政府内にあっては、第2の高商の設置は神戸に内定していた。当時、我が国最大の外国貿易を誇る港を擁し貿易商社や税関もあった神戸に、というのが政府の案であった。しかし、そこに江戸時代から商業の中心として栄えた商人の町、大阪が名乗りを上げ、熱心な誘致活動を展開したのである。

大阪は、江戸時代から商業の中心地であるという自負もあり、加えて高商の母体となるべき大阪商業学校をすでに開設しており、その面でも大阪に設置されるのが当然と考えたのである。大阪選出の衆議院議員らが議会に建議書を提出し、神戸と大阪が激しく誘致合戦を繰り広げることとなった。

第2高商の設置を巡って神戸と大阪は激しく争ったが、1900年の帝国議会での投票の結果、神戸71、大阪70という僅か1票差で神戸が勝利した。第2高商は神戸の地に設立することが決定したのである。この決定に納得のいかない大阪は、国が認めないなら自分たちで作ろうということで、翌1901年に自前で市立の大阪高商を設立した。すでに設立されていた大阪商業学校を高商へ昇格させればよいため、そう時間をかけることなく大阪高商の設立がなされたのであった。神戸は大阪より遅れ、1902年に官立神戸高商が開設される。こうして東京、大阪、神戸に3つの高商が鼎立《ていりつ》することなった。現在の一橋大学、大阪市立大学、神戸大学の前身である。

神戸高商での教育については第1章で言及するが、その特徴を一言でいうと、初代校長の水島《みずしま》銕也《てつや》（1864－1928）の構想に基づき、先行する東京高商との相違を際立たせる目的で、徹底した実業志向、実務教育を施すことにあったといってよい。このことは後に大学昇格を果たし、新制神戸大学となる際にも大きな意味を有していた。以後、高商は大阪・神戸以外にも長崎、山口、小樽など各地に次々と設立されてゆき（図表P－1）、富国強兵・殖産興業に必要となる商業人の育成が全国的に拡充されることとなる。

折しも、日清戦争（1894年）・日露戦争（1904年）に相次いで勝利した日本は、政治や外交に加え、経済面での発展も

〔図表P－1〕　高等商業学校の設立

①東京　（1887、一橋大学）
②大阪　（1901、大阪市立大学）
③神戸　（1902、神戸大学）
④長崎　（1905、長崎大学）
⑤山口　（1905、山口大学）
⑥小樽　（1910、小樽商科大学）
⑦台湾　（1919、台湾大学）
⑧名古屋（1920、名古屋大学）
⑨福島　（1921、福島大学）
⑩大分　（1921、大分大学）
⑪京城　（1922、ソウル大学校）
⑫彦根　（1922、滋賀大学）
⑬和歌山（1922、和歌山大学）
⑭横浜　（1923、横浜国立大学）
⑮高松　（1923、香川大学）
⑯高岡　（1924、富山大学）

注）括弧内は設立年と現在の大学名。
出所）編著者作成。

著しいものがあった。経済界を支えるビジネスパーソンの役割が今後さらに重要になるとの期待から、より高度な水準での商業教育を準備する必要があるという認識が広がり、高商の大学への昇格運動が展開されていくこととなる。東京高商は１９２０年に東京商科大学へ、神戸高商は１９２３年に神戸商業大学、大阪高商は１９２８年に市立の大阪商科大学へと大学昇格を果たすこととなった。ただし、１９２３年に発生した関東大震災や折からの不景気に伴い、神戸商業大学では１９２９年まで実際の開学を待たねばならなかった。

いずれにせよ、ここに7つの旧帝国大学に加え、３つの商業系大学が、学問を研究教育する機関として国からのお墨付きをもらい、公式に認知されるに至ったのである。商業という一段格下とみられた領域が、旧帝国大学と少なくとも見かけ上は肩を並べる学問領域になったということは、実業や実務教育を重視する路線をとっていた神戸にとってはとりわけ大きな意味を持っていた。

神戸と経営学

第2章で詳しくみるが、神戸高商が神戸商業大学に昇格した当時、簿記や会計を含む従来の商学系の授業科目に加え、経済学系と法学系、そして経営学系の科目が一気に増えることとなる。

経済学系の科目が増えた背景には、19世紀後半から20世紀初頭にかけてヨーロッパでの経済学の発展が目覚ましく、ちょうどそのころ、日本の若い研究者もヨーロッパに留学し、日本に輸入しようとしていた時期と重なっていたという点がある。法律系の科目は帝国大学法学部で教育されていたこともあり、東京商科大学では、商法等を除き手薄であったという事情も手伝い、東京商科大学との違いを強調したい神戸商業大学では多くの法学系科目を開講することとなった【[92] 129頁】。

そして、神戸商業大学の大きな特色の一つとして挙げられるのが、第2章でみるように、新たに経営学系の科目が導入されたことである（ここでいう経営学は、会計学をも包摂する領域であったことに留意されたい）。20世紀初頭にドイツやアメリカでは企業の経営に関する研究が進みつつあったが、それを神戸商業大学に導入しようとした先駆者が平井泰太郎《ひらいやすたろう》（1896－1970）であった。

平井の導入した経営学の詳細は第1章で詳しく述べるが、平井は神戸高商を卒業後、東京高商の専攻部へと進んだ。平井は、当時、留学先のドイツから帰国直後で旧来の商業学を脱し独自の「商事経営学」を構想していた上田貞次郎《うえだていじろう》（1879－1940）の下で学んだ。その後、ドイツに留学した平井はニックリッシュ（H. Nicklisch）やシュミット（F. Schmidt）に師事し、それが転機となって1925年に帰国後は、それまで神戸商業大学で担当していた商工経営や会計学から「経営学」の授業（経営学総論、経営業務論など）を開講することに転じ、『経営学文献解説』【[112]】をはじめ経営学に関する多くの著作を出版することとなる。

また1926年には、平井は経営学を学問として樹立すべく、経営学に関する日本初の学会となる日本経営学会の設立に強く関与している。戦後、新制神戸大学が設立された際に、経済学部の傘下に入らず新しい学部として経営学部を独立させたのも、のちに第4章でみるように平井が強く主張し、実現をみたものである。今日の神戸大学経営学部の授業科目の構成も、平井が主導して構築した体系とそう大きく変わるものではない。

このように、今日ある神戸大学経営学部の最も重要な基盤を作ったのが平井であり、我が国に経営学という学問領域が広く普及するのに大きく貢献したのも平井の功績であるといって過言ではない。

経営学の学問性

実学重視の神戸商業大学であったが、大学として認知された以上、実学とともに学問的な水準も向上させなければならない。商業学校と中身は同じで看板を大学に架け替えただけということでは話にならない。実際、この点は危惧されていたと見え、神戸商業大学の初代学長となった田崎《たさき》愼治《しんじ》（1872－1954）は、入学式の式辞で、大学という場は本来学問研究の場であると述べ、実学を重視しながらも大学らしい学問性をも追究し、「真理の探究にいそしむ」必要性を説いている【［2］59頁】。

ただ、この学問性というのが難しい。こと実業との関わりが他学問より大きい経営学において、どうであれば学問性が確保されうるのか。経営学という学問の発祥以来、歴代経営学者たちはこの点に頭を悩ませてきた。

学問とは、特定の対象に関して体系化された知識である。ばらばらの知識の寄せ集めではなく、それらの知識の間には首尾一貫した論理の体系が貫かれていなければならない。一連の理論や接近方法が編み出されることでさらに学問は進展し、高度に専門化・体系化されていく。学問は実務とは違い、すぐに役立つことを直接の目的とはしていない。最低でも10年、20年といった長期スパンを念頭に置き、現象に関連する要素間の因果関係や法則性を確かめ、その定式化を試みるのが本来、学問のあるべき姿である。

経営学の場合、所詮金儲けの仕方を考えるに過ぎないのではないかといった厳しい批判も他学問から起こり、そうした批判にこたえる意味でも、最初は経済学の一分科（企業経済学、経営経済学）として学問化しようとしていた。例えば、日本の経営学の発展にも大きな影響を及ぼしたドイツにおいては、20世紀初頭、商科大学で教えられていた商業学が、実務的な商取引上の知識の伝授が中心で、あまりにも学問としての理論化・体系化を欠いていたため、私経済に関する諸概念を開発し、精緻化を重ねていくという努力を、初期のドイツの学者たちは重ねていった。

ほぼ同時期に、日本ではアメリカの企業経営事情の紹介や、テイラー（F.W. Taylor）の科学的管理に関する著作の翻訳をはじめ、企業経営に関する多くの著作が、実務家を中心に大量に日本に輸入され、紹介が行われ始めていた。アメリカの経営学は総じて経営実践の場から生まれたものであり、その実践的要請に応えようとした管理論的性格を有している。

こうして、悪く言えば商業上の知識を単に取りまとめただけの当時の商業学から、何とか学問性を確保しようと試みたドイツ系の経営学と、企業の経営実践に根付き、問題解決のためであれば使えるものは何でも使おうとするプラグマティックな発想を根底に有するアメリカ系の経営学という2つの流れが混交し、日本の経営学は樹立され、現在に至っている。日本の経営学の成り立ちが、「骨はドイツ、肉はアメリカ」と時に評されるゆえんである【［28］4頁】。

経営学の現在

実は、経営学の学問性を巡る状況は、経営学の誕生から100年以上たった現在においてもその成立当初から大きな発展はしていない。まず、研究対象からして曖昧で、企業に限定しようとする立場と、より広く組織一般の管理まで含めて研究しようとする立場が併存している。基本的に、ドイツ系の経営学者は前者、アメリカ系の経営学者は後者の立場である。

また、研究方法の側面においても、経営学固有の方法を求めていた時期もあったものの、今日の経営諸学会での報告では、心理学や経済学、社会学、情報科学、エンジニアリングといった多種多様なバックグランドから構成されており、方法論的にこれといった確定的な手法が定まっているわけでもない。学問と実践の架橋を試みようとする研究も存在するが、相当に入念な理論武装と整理を施さない限り、そうした架橋はなかなかうまくいかず、結局どっちつかずに陥ってしまいがちである。

神戸大学経営学部においても、研究スタッフの学問上のバックグランドはさまざまであり、当然のことながら研究成果を公表する媒体やジャーナル、研究スタイルも多種多様である。このことは、神戸大学経営学部が良く言えば多様性を確保し、柔軟性を備えた学部であるといえるが、裏を返していえば、経営学という学問領域それ自体が未だ未整備であり、実践志向とも相俟って、学問上の体系化が十分になされないままであるというようにも評価できる。

本書について

本書は日本最初の経営学部である神戸大学経営学部について、戦前の高商時代の経営学講座の開設から始まり、新制大学での経営学部の設立、その後の経営学教育の充実と発展を、それぞれの時代における歴史的な特徴と現在に至る経緯とともに描こうとするものである[1]。

本書の以下は、Ⅰ「経営学の生成と発展」（第1章～第8章）とⅡ「教育研究分野の展開」（第9章～

第13章）の2部から構成され、Iは神戸大学経営学部全体の通史、IIはその中でとりわけ経営学部設立時から存在している狭義の経営学分野の講座史となっている。

読者各位には、本書を通読いただくことで、神戸大学経営学部がどのように発祥し、どういった経緯を経て今日に至っているかがおわかりいただけるだろう。また、本文には収めきれないエピソードや小話については、第I部各章末の「学び舎の風景」に記述されているので、こちらも併せてお楽しみいただければ幸いである。

1　第7章でみるように、1998年度から2カ年計画で始まった大学院重点化以後の神戸大学経営学部の正式呼称は「神戸大学大学院経営学研究科」であるが、本書においては、部局としての活動を記載する場合の書き方を原則「神戸大学経営学部」として統一している。

神戸大学正門
イラスト／松村琢郎

Ⅰ　経営学の生成と発展

六甲台本館
イラスト／松村琢郎

第1章

平井泰太郎と経営学

フランクフルト郊外のシュミット教授（右端）宅での平井（左から２番目）。
左端はイサーク博士（1924年）
<出典：[118]>

1　神戸高等商業学校の設立

日本は、１８６８年の明治維新を契機に資本主義に入り、経済は右肩上がりに成長していった。それにともなって産業界ではより高度な商業教育を受けた人材が必要され、専門的な教育を行うために各地に高等商業学校が設立された。まず１８８７年に日本初の官立高等商業学校として東京に高等商業学校が、そして１９０２年に神戸に第二高等商業学校が設立され、神戸高等商業学校（以下、神戸高商と略称）と称することになった。同時に東京の高等商業学校は、高等商業学校という単なる名称から東京高等商業学校（以下、東京高商と略称）に改称された。

神戸高商の初代校長には、東京高商教授の水島銕也が任命された。神戸は外国貿易の拠点である神戸港を控えていることもあり、水島は、神戸高商の目的として大規模な商業経営にとどまらず外国貿易に従事する人材の養成を掲げていた。そのため神戸高商では理論と実践との関係に着目し、理論的研究だけではなく実学を重視した教育・研究がおこなわれた。この神戸高商が後に１９２９年設立の神戸商業大学、神戸経済大学を経て現在の神戸大学へと発展することになる【[72]98－101頁】。

神戸高等商業学校在学時の平井（1917年）
<出典[59]>

神戸商業大学では経営学関係講座としてすで

に経営学総論、経営業務論、経営労務論、経営財務論の講座が設けられ、実質的に経営学科の体裁を整え、経営学部への発展の素地ができつつあった【〔140〕93頁】。そしてこの神戸の経営学の礎を築いたのが、平井泰太郎である。平井が、ドイツの経営学を日本の経営学にいかに導入して独自の経営学を樹立していったのかを平井の業績をたどりながら描こう。それによって学問としての経営学と実学としての経営学を平井がどのようにして一つの体系にまとめあげているかを明らかにしよう。

2　平井泰太郎と経営学の生成

(1)　経歴

平井泰太郎は、1896年10月15日、父平井安兵衛、母房子の長男として神戸市に生まれた。父安兵衛は、当時、四日市所在の伊勢紡績株式会社の支配人であった。平井は、兵庫県立第一神戸中学校を経て神戸高商に入学し、同校を1918年に卒業した。卒業論文のタイトルは、「ぱしおりノ研究」である。卒業と同時に東京高商専攻部に進学し、上田貞次郎のもとで研鑽を積み1920年に卒業、同年5月に母校に講師として赴任した。着任して担当したのが商工経営の研究指導で、これが神戸における経営学教育の事実上の開始を意味する。平井はその後、1923年神戸高商教授となり、やがて神戸高商は大学昇格運動が実を結び1929年に神戸商業大学となり、平井は同年神戸商業大学助教授、そして1931年には神戸商業大学教授となる。さらに1951年に学位を授与され日本における最初の経営学博士となった【［65］略歴1－2頁】。

(2) 留学

初代校長水島銕也のリーダーシップのもと、当時神戸高商では将来の発展に備え、有力なスタッフを長期にわたって欧米に派遣していた。平井もその一人として1922年2月に留学に出発している。25歳の時であった。留学の主眼は、欧米の大学で新興の学問として急速に発展しつつあった経営学の教育や研究の実態調査と帰国後に母校で経営学を担当する準備にあった。3年余にわたる在外研究で主として滞在したのはドイツである。

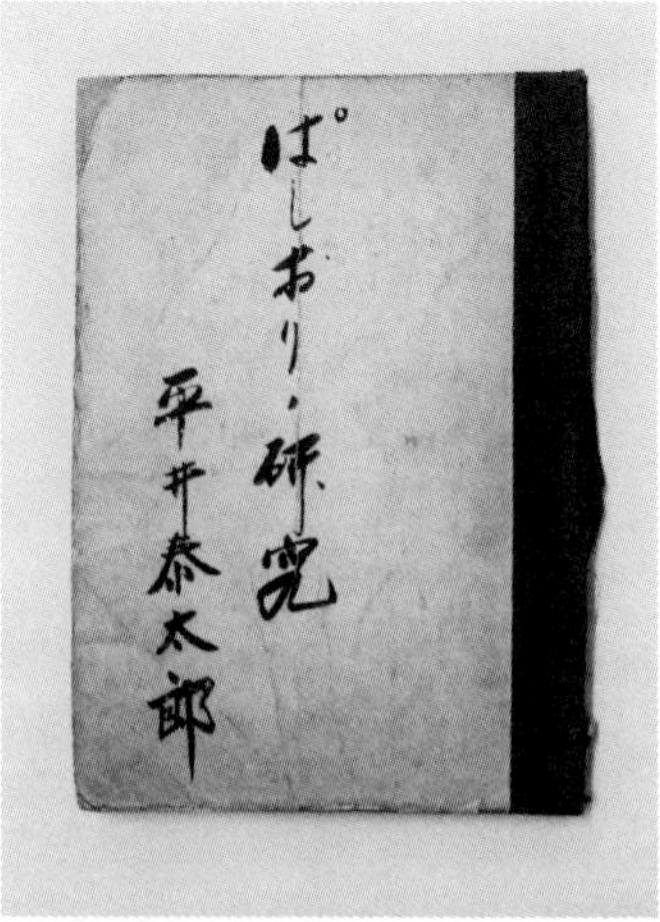

平井の卒業論文「ぱしおりノ研究」
<神戸大学経営学部提供>

ドイツ滞在の前半は、ベルリン商科大学でニックリッシュに師事し、後半はフランクフルト大学に移ってシュミットのもとで経営学の研究に没頭した。その後、イギリス、アメリカでの短期の在外研究を経て1925年に帰国している【［72］355－356頁・［124］6頁】。平井の学んだベルリン商科大学の建物は、博物館島近くのシュパンダウアー通りにあり、当時の金融界の中心に位置していた。この建物は、第二次世界大戦の爆撃を奇跡的にまぬがれベルリン最古の建築物の一つとして文化財に指定されており、現在はフンボルト大学の経済学部として使われている。

(3) 経営学の生成と日本経営学会の設立

高等商業学校や商科大学の設立と相まって日本でもその中心科目として経営学が生成してきた。まず1909年に東京高商で上田貞次郎が「商工経営」の講座を開講し、これが日本における経営学教育の原点となった。日本における経営学の生成はドイツと同様にまず商業学の科学化から始まった。それまでの商業学は複数の商業諸学の総称を意味しており、商業通論と売買、銀行、保険、運送、倉庫、取引所などの商業各論からなり、商業に関わる実務上の知識が、網羅的に寄せ集められていたにすぎなかった。このような商業学をいかにして科学化し、一つの体系とするかが上田の狙いであった。そのさい上田は商業を基本的には経済現象としてとらえ、したがって科学化の基礎に経済学をおいていた。また上田は、当時商業中心の時代から工業中心の時代になりつつあることに注目して工業の経営も研究対象に含み、いち早く工業経営の問題を自覚していた【[141]20－21、24、33頁】。

その後、わが国でもドイツにならって経営学を学問としていかにして確立するかに関して議論が深められ、ようやく1920年代、すなわち昭和の時代に入ってから経営学建設の地盤が築かれていった。東京高商では上田門下の増地《ますち》庸治郎《ようじろう》（1896－1945）が、そして神戸高商では同じく上田門下である平井が経営学の樹立に努め、ドイツ経営学に基づく独自の経営学を形成していった。増地は、1926年に『経営経済学序論』を公にし、ドイツ経営学を積極的に導入し、わが国経営学の自立化の道を切り開いていった。増地は、上田の「商工経営」に基本的に沿いながら企業形態論、株式会社論、賃金論、工業経営論、経営財務論、商業通論など殆どすべての分野にわたって著作を公にし、経営学の内容上の基礎を築き上げていった。他方平井は、ドイツ経営学の思考をさらに深め、わが国独自の経営学の形成に努めた。平井の経営学は経営に関するすべての領域を包括するという極めて広大なものであった。また平井は会計学に多大の関心を寄せ、会計学を基礎とするドイツ経営学の伝統を受け継いで会計学を経営学の重要な領域として組み込んでいる。ここに増地とはニュアンスの異なるわが国経営学の一つの方向があった【[141]51－52頁】。

増地学説と平井学説の違いは、学問の名称として増地がドイツでの経営学の名称である「経営経済学」を主張したのに対し、平井は「経営学」の名の下に独自の経営学的考察を展開して経営学の自立性を追究したことにもあらわれている。増地が経済性を指導理念とする生産経済を研究対象としたのに対し、平井は対象を生産経済に限定せずに、消費経済や家政経済や公経済までをも経営学の対象に含め広く経営の事実に迫った。この二人は、学説においても人柄においても極めて対照的であった【[140]51－52、63－65頁】。

ところで、このように経営学の研究が活発化するにともない、経営学研究の全国的な共同研究の機関を作ろうという動きが出てきて、１９２６年の日本経営学会の設立に至る。学会設立の会議は、平井の帰国から間もない１９２６年７月に開かれ、神戸高商からは平井の他、瀧谷《たきたに》善一《ぜんいち》（１８８３－１９４７）、田中《たなか》金司《きんじ》（１８９４－１９８５）が出席した。学会の名称をめぐっては日本経営学会とすべきか日本商学会とすべきかについて激しい議論がくりひろげられ、採決の結果日本経営学会と決定された。そして第１回大会は、１９２６年11月に上田貞次郎委員長のもと東京で開催された【[140]32頁以下】。

3　平井経営学の体系

(1)　ドイツ経営学の導入

では具体的に平井の経営学の内容についてみることにしよう。ドイツに若くして学んだ平井の経営学には、ドイツ経営学の思考が脈々として流れている。それは、まず第１に旧来の商業学を時代の要求に応じて改造して経営学を樹立している点【〔113〕５－10、101頁】、第２は経営学の体系の中に会計学を重要な分野として含んでいる点、第３は経営学の対象である経営とは何かを徹底的に究明している点である。そして第４は個々の企業活動を経済全体の動きの中で相対的に把握する点である。すなわち国民経済の「部分」である経営をそれ自体、一つの「全体」として考察している点にドイツ経営学の影響が見られる【〔113〕133頁以下、247頁以下、283頁以下】。

また平井は、ドイツ留学中１９２５年にはシュミットの研究室のイサーク（A. Issac）の協力を得て『経営経済学泉書』【〔152〕】をドイツ語で刊行している。この書には当時のドイツ経営学のさまざまな著書のエッセンスが示されており、平井はそこに示された経営学の体系を絶えず念頭に置き、経営学全分野の問題に取り組もうとした。その意味で『経営経済学泉書』は、その後、平井が経営学の体系を構想する際の基となっており、平井経営学にとって出発点を意味している【〔141〕87－88、90頁・〔124〕７頁】。

(2) 経営学の体系と講座の体系

ただ平井自身は、「自分は決してドイツの経営経済学だけで自分の求むる経営学に突き当たり得たとは信じ得なかった」【[113]51頁】と省みるように、平井の本来の目的は、自ら日本の経営学を樹立することにあった。そのため平井は、『経営経済学泉書』に続き内外の文献をさらに探索し、資料を整理してそれらを新たな経営学の建設に役立てる必要があった【[113]53－54頁】。その成果が1932年の『経営学文献解説』【[112]】をはじめとする一連の著作である。平井は後に、1935年の『経営学通論』の序で次のように述べている。すなわち、

通論を書こうと思っている間に、その腹案の一つが『経営学の常識』（1932年）となり、集めた資料が『産業合理化圖録』（1932年）となった。また文献を説明しだすと『経営学文献解説』ができあがり、はじめの部分だけで『経営学入門』（1932年）という単行本が生まれるに至った。【[115]3－4頁・[141]89頁】

平井経営学のエッセンスは、この『経営学入門』に凝縮されており、そこには自らの経営学の構想と内容の原点が示されている【[75]16頁】。平井経営学の学問体系は、経営学説史と経営学総論、各論としての経営形態論、経営財務論、経営労務論を基幹としており、さらにそこに経営業務論と経営計算論を配するものであった【[115]3－5頁】。神戸商業大学やその後の神戸大学での経営学の講義体

系や講座編成は、その殆どが平井経営学の構想に対応して形成されており、これがわが国の経営学教育における講座体系や科目体系の一つの原型となっている【〔72〕357頁】。さらに平井の特記すべき功績は、『経営学辞典』【〔116〕】の編集・刊行である。執筆者350名、本文1,275頁に及ぶ、日本最初の本格的な経営学大辞典であった。この『経営学辞典』の編纂にも平井経営学の構想が大きく反映している【〔125〕48－49頁】。

(3)　個と全体の問題

平井経営学の方法論についてみると平井は、具体的に個別経済を経営学の研究対象として規定している【〔113〕186頁】。ここで個別経済は何を意味するのかといえば、平井は一定の目的を持ち、統一的意思と計画を持ち、会計と予算を持つ一つの全体を個別経済としてとらえている【〔113〕281頁】。したがってこのような要件を満たす個別経済には生産経済のみならず消費経済、家政経済、公経済まであらゆる経営が含まれ、それらはすべて経営学的考察の対象となる。平井経営学の特徴は、経営学を個別経済学として構想している点にある。

このような平井経営学の対象規定には個別経済は国民経済の「部分」ではあるが、単なる部分ではなく、部分であると同時にそれ自身一つの「全体」であるという有機体観がある【〔113〕260頁】。ここに個と全体を有機体論的に把握しようとするニックリッシュやシュミットの影響が見られる【〔140〕65頁・〔141〕93頁】。では個別経済の目的は何であろうか。平井は「経済性」が個別経済の目的であるという。ここで「経済性」とは「経済の目的に適する度合い」を意味している【〔113〕229頁】。したがって個々の個別経済は、そのときどきの状況において、より合理的に行動することをたえず求められることになる。

4　経営学における理論と実践

(1)　経営学における実用主義

実践的要請に基づいて高等商業学校や商科大学が設立され、その中から生まれた経営学は、当初より理論と実践の関係を根本的な方法問題として議論してきた。平井は、１９２７年の論文で経営学における実践的な傾向を「実用主義」と名づけ、経営学の生成の上には「実用主義」が重要な地位を占めているという。ここで「実用主義」とは、「実用にかなう」とか、「実際的である」とか、「応用を主とする」といった主張の総称である【〔11〕33頁】。

平井は、真空状態で研究するのではなく、前提条件なしに現実を如実に研究すること、すなわち現実の問題を理論的に整理し、その基底の上に立って現実を解明することが重要であると主張している。研究者は、例えば資本の流通のみを知るのではなく、同時に簿記と会計の方法も知らねばならないと述べ、実用主義があるからこそ経営学が不断に事実に即し発展してきたことを記憶しなければならないと指摘している【〔11〕44－45頁】。

(2)『産業合理化圖録』の刊行と門下生の育成

理論と実践との密接な相互関係を重視する平井は、両大戦間において喫緊の課題であった産業合理化の問題についても詳細かつ緻密な資料収集に基づいて解明し、800頁を超える『産業合理化圖録』を刊行している。この大部の著書は、産業界をはじめ商工省、兵庫県などの行政機関の全面的な協力を得て平井の指導の下、経営学研究室の門下生が長期にわたり総力を挙げて行った調査研究の貴重な成果である【[114]凡例２－３頁】。

そして平井の指導を受けた門下生の多くが、経営学、会計学の分野で先駆的な研究者として学界で活躍することになる。戦前・戦後を通じ、長く母校で教育・研究に携わり、それぞれの専門分野を開拓した門下生として山下《やました》勝治《かつじ》（１９０６－１９６９、会計学総論）、戸田《とだ》義郎《よしろう》（１９０９－１９９９、簿記論）、丹波《たんば》康太郎《やすたろう》（１９１０－１９６９、資金会計・経営財務論）、米花《べいか》稔《みのる》（１９１３－２００６、経営立地論）、井上《いのうえ》忠勝《ただかつ》（１９２４－２００２、経営史）、市原《いちはら》季一《きいち》（１９２１－１９７９、経営学総論・ドイツ経営学説史）、森《もり》 昭夫《あきお》（１９２８－２０１６、経営財務論）を挙げることができる。さらに平井の研究室からは多様な領域にわたり多数の優れた研究者が育ち、神戸商業大学および神戸大学は、わが国の経営学の中心拠点となっていった【[73]333頁・[72]357－358頁】。

■学び舎の風景①

実学教育の源流　―水島銕也の教育思想―

神戸高商の初代校長である水島銕也は、1903年5月の始業式で次のような教育方針を述べた。本校の目的は、「主として自ら大規模の商業又は外国貿易を経営すべき人物を養成する」ことにあり、「本校の生徒たる諸子は須く言論の人たることを避けて、実務の人たらんことを期すべし」。

この発言中の「実務の人」とは、法律や経済のような学理の研究に拘泥せず、常に学理と実際との関係をわきまえつつ、実践的であろうとする人物を指す。つまり水島が目指したのは実学重視の教育であった。

では実学重視の教育とはどのようなものだったのだろうか。まず「予科二部制度」によって（中学校出身者だけではなく）商業学校出身者にも門戸を開いたことがあげられる。趣旨は商業の初歩的知識をもった生徒を入学させ、上級学校への道を開くということである。また「実地活用の才」を養う独自カリキュラムの導入も実学重視の表れであるといえる。神戸大学百年史編集委員会によれば、開校当時の同校のカリキュラムは、先に設立された東京高商（後の一橋大学）に比べ、商業学・商業実践・商品学など実学的科目に注力する傾向があったという【[72]】。

さらに1906年に設けられた本科3年生向けの「特殊実践科」があった。これは商品用具取扱、文書整理、商用書式記入の練習、商品鑑識実験から構成され、卒業・入職に向けた実践的訓練を施していたものと考えられる。その他にも夏期海外修学旅行や実業調査などのフィールドワークが導入されていた。夏期海外修学旅行についていえば1905年に神

神戸高等商業学校初代校長の水島
<神戸大学大学文書史料室提供>

戸高商で始まり、翌年には東京高商などの他校の生徒も参加するようになっていったという。行先は東アジアから始まり、その後はアメリカやカナダにまで範囲が広がった【[88]】。

では、このような水島の実学重視の背景には何があったのだろうか。まず考えられるのは、彼の師匠ともいえる存在の影響である。よく知られているように、水島は矢野二郎《やのじろう》（1845－1906）の謦咳に触れて東京商業学校（東京高商の前身）での学園生活を送った。矢野は「商業教育は実務に適し常識を養ふの性格を造るを第一義とす」という方針を掲げ、上記した神戸高商のそれと同様の実践的カリキュラムを導入していた。また矢野は実業界で求められる態度や行動のことも忘れてはいなかった。彼は実業界の求めに応じる形で生徒たちの常識的判断力を陶冶し、人格を修養することに力を入れていたのである【[89]】。

次に考えられるのは、水島自身が実業人であったときの経験である。彼は東京商業学校を卒業したあと、鉄道・土木・鉱山などを営む藤田組を経て、横浜正金銀行で外国為替業務に従事していたことがある。そこでの経験からもたらされた日本人の商業活動の拙さについての彼の忸怩たる思いは、高等商業学校の教授時代に書かれた論説などから知ることができる。

例えば、「我国民と商業思想」という論説の中で、「対清貿易の実況を視察せば彼れ清商の鋭敏にして商利に抜目なく、我居留地の商権すら彼れの手中に存するを目撃し轉た概歎に堪へざるものあるべし」と述べている。また、『名家実話集』に所収の水島の演説では、大略すれば、貿易活動において外国人が見せる商略、機敏、胆略などは日本商人の企てが及ぶところではなく、この調子では、我が国の農業や工業がいくら発展しても、彼らにその利益の大部分を奪われてしまうと述べている【[129]】。要するに、日本商人の商業活動は外国人と比べて劣っているので、各国の事情を調査し、自ら海外に販路を求めるような実践力のある商人を育成しなければならないということである。

ここまで水島の実学重視の背景と考えられる彼の経験を見てきたが、その経験に先立つともいえるし、またその経験とともに立ち現れたともいえる彼の商業思想について、簡単に述べておきたい。彼は「士魂商才」

という言葉を好んで用いていたようだ。「士魂商才」とは、江戸時代からの賤商意識を克服して商業のなかに高次の価値を見出そうとするときの標語のようなものである。すなわち、士族の精神としての「士魂」と経済面における工夫・創意・発明によって富を作り出す才能としての「商才」が、国家意識を媒介として結びつけられているのである。

水島は、当時の日本の外国貿易の劣勢は、士族由来の尚武の思想が商戦に不利に働いていること、また日本の商人の見識が局小かつ卑陋《ひろう》でやはり商戦に向いていないことに由来すると見ていた。だから彼は、国民が商業思想を大きく転換し、諸外国に伍するほどの商業的実力を獲得することが国力の増強に寄与すると考えていた。それは福澤諭吉（1835-1901）らが唱えていた「尚商立国論」と大きく重なる思想であるといえる。

■学び舎の風景②　街に向かい、海に開かれて　―神戸高商が目指した「知」―

街から六甲台キャンパスまで行く（登る）には、とにかく体力と気力が必要だ。満員のバスで正門までたどり着くと、目の前に立ちはだかる大階段、それをクリアしても果てしなく続く崖（急階段）登り。しかし、その「苦行」に耐えたものだけに与えられた景色がある。はるかに輝く海原、海風にそよぐ木々の緑、そして眼下の街並み。その瞬間「よし、今日も頑張ろう」と思う。

神戸大学本館脇には二人の指導者の像がある。神戸高商初代校長の水島銕也（簿記・会計学）と神戸商大初代学長の田崎慎治（流通論・海運論・保険論）の像である。2人の偉業についてはここでは触れないが、面白いのはこの2つの像の向きが異なっていることである。海外留学を終えて長崎高商で活躍していた田崎を見込んで、水島が神戸に迎え入れたというのだから、この2人が視線を合わせたくないほど敵対していた訳ではない。水島の視線の先には「商都大阪」が、そして田崎の眼差しの向こうには「海（海外）」がある、というのがキャンパス「伝説」である。像の向きにまで拘った商大精神にも恐れ入ったが、この2人の向く先こそが、おそらく高商－商大の目指す世界であり、ここから発信しようとした「知」の方向なのだろうと、私は勝手に想像した。実務界と世界を見据えた実学、それが日本の国際的経済発展の大きな原動力となったことに間違いはない。

水島の校長就任時（1903年）つまり、高商開校当時の科目編成は、予科1年、本科3年の4年制で、1週32時間の授業時間とされている。また、開講科目の3分の1を外国語、3分の1を簿記や商業算術などの商業実務科目、残る3分の1が教養科目という編成になっている。開校当初は実務科目としては簿記・会計学が中心であったというが、次第に経済学、商業学、法学系科目、経営学などが整備されて、商大への昇格（1929年）直前の1925年の講義要目では、現在の経営学部や商学部にも通じるような基本的な科目体系が整えられてくる。この中でも、3年間の留学から帰ったばかりの平井泰太郎が、担当科目「経営学」で、「総論」－「産業組織論」（企業論）－「事務及労務運営論」という初期の講義体系を提示していることが興味深い。この講義をもとに、1932年に初めての経営学テキスト『経営学入門』【113】が出版されることになる。

ところで、このような実務科目とは別に高商で特徴的なのは、

六甲台本館前に立つ田崎の銅像＜編著者撮影＞

六甲台本館前からの海を臨む風景。田崎像はこの方向を見据える＜編著者撮影＞

語学系科目、特に第二外国語の種類の豊富さである。旧制高等学校が主として独語、仏語などを中心としていたのに比べて、その多様さには目を見張るものがある。各高商の『高商一覧』によれば、神戸高商（1912－1913年）は、2年次4時間、3年次5時間の必修で、清（中国）、仏、独、露、西（スペイン）語から1科目を選択することが課せられている。また、長崎高商（1912－1913年）では、1～3年各学年3時間ずつ必修で、朝鮮、清、独、仏、露から1科目を選択としていたが、独、仏、露は極めて受講者が少なかったようである。さらに、山口高商（1912－1913年）は、1～3年の各学年3時間必修で、朝鮮、清、独のうち1科目選択、小樽高商（1917－1918年）2年3時間、3年4時間の選択科目で、露、独、清のうち1科目、名古屋高商（1922－1923年）は、1～2年各2時間、3年は1学期2、2学期3時間の選択科目で、露、独、仏、清から1科目選択となっている。このことから、各高商が異なる地域に重点を置いて語学教育を行い、それも卒業年次に近くなるほど講義時間を増やしている。つまり、旧制高校が教養として独語や仏語などの「文献」を読むことを目指していたのに対し、高商はそれぞれが特定の具体的な地域を念頭に置き、実践的知識としての語学教育に力を入れていたことがわかる。

小樽高商と名古屋高商の校長を歴任した渡辺龍聖《わたなべりょうせい》（1865－1944、倫理学）は、小樽高商10周年式辞の中で、「大学は理論を主として応用を兼ね、専門学校は応用を主として理論を兼ねる。それぞれの職分が異なるのであって、上下の区別はない」と言い切った。言い換えれば、理論から応用への「演繹的知」と、応用から理論への「帰納的知」の両方がともに必要であるということであろうか。明治期以降の日本の近代化は、この二つの知の複線型教育と、それを統合的に活用した社会組織によって実現されたと言っても過言ではない。その礎の確かな一角を、神戸高商が築いたことは事実であろう。

六甲台から降りる途中、私が「大学に行くときはコウベ（頭）を上げ、街へ降りるときは頭を垂れる、これが神戸大学の精神ですね」と上林学部長（当時）に言ったところ、「ええフレーズ、使わしてもらおう！」と言われた。人マネは、決して神戸ボーイの精神ではない。

第2章

経営学科と経営計録講習所の設置

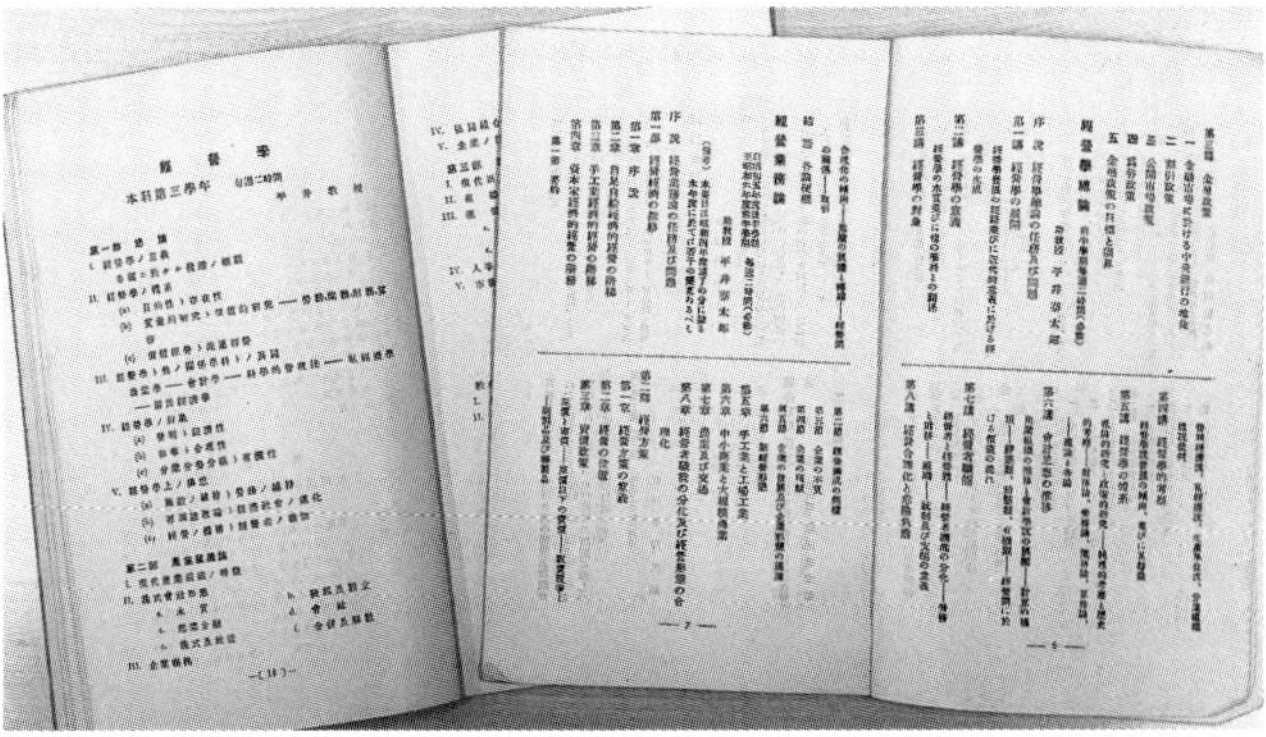

神戸高等商業学校『教授要目』と神戸商業大学『講義要綱』の
表紙および平井による経営学の講義概要
＜神戸大学附属図書館提供＞

1　神戸商業大学への昇格

1920年に大学に昇格する東京高等商業学校では早くから大学昇格運動が起こっていたが、それに続くべく神戸高等商業学校でも、教育研究活動の高度化を目指し、大学昇格運動がみられた。神戸高商は、1923年3月、帝国議会で大学昇格が決まっていたが、関東大震災と金融恐慌の影響で1927年の開校予定が先送りとなり、予科と附属専門部を設置しない形で大学昇格を目指した。

一般的に大学への進学は、高等学校を経て大学に入るルートの他に、高等学校に準じる課程として、官立大学や公立大学では3年制の予科、私立大学でも2年制の予科を抱えており、内部進学ルートが用意されていた。また、必ずしも大学進学を前提としていたわけではないが、大学令ではなく専門学校令に基づく大学附属の組織として、実学を中心とする専門教育を行う専門部があり、そこからの内部進学ルートもあった。先に昇格した東京商科大学や大阪商科大学では、図表2－1に示されるように、予科を新設し、旧高等商業学校を附属専門部（3年制）に改組し、大学入学前に予備教育を終えている内部進学ルートを備えていた。神戸高商は、内部進学ルートを欠く形で、1929年4月1日に大学に昇格し、神戸商業大学として開校した。ここに「三商大」が出揃うことになる。

旧神戸高商は、在校生が卒業するまで附属商学専門部として暫定的に存続したが、3年後に廃校になった。内部進学ルートは、1936年に姫路師範学校と御影師範学校の統合が決定したことから、御影師範学校の学舎の半分を借りて予科を設置することになり、1940年4月の正式な開校によっ

〔図表２－１〕 1930年頃の三商大への進学ルート

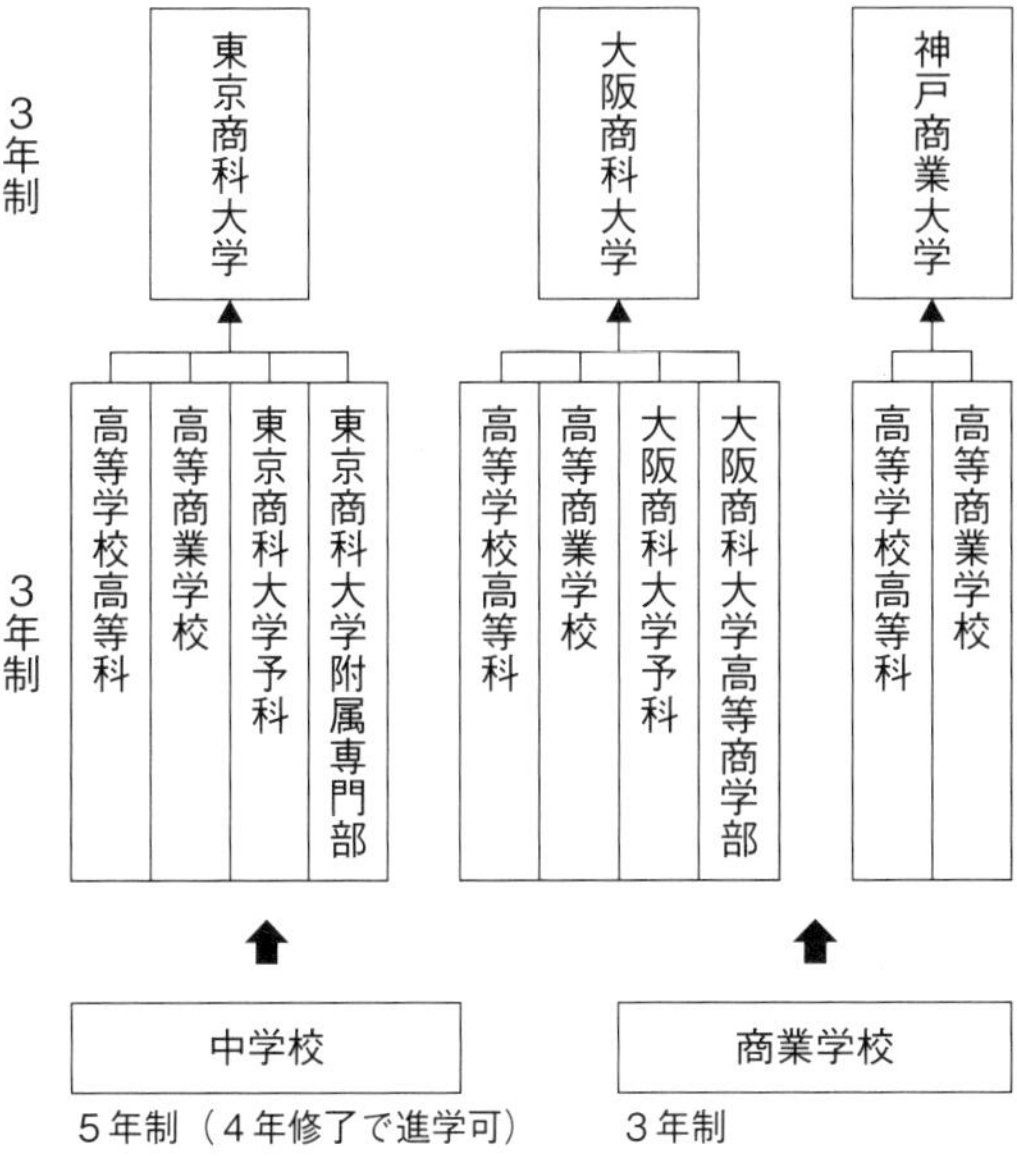

出所）筆者作成。

て整備された。もう1つのルートである附属専門部は、戦後になって設置されたが、新制大学への移行のためにわずかな期間だけ存続したにすぎなかった。

初代学長の田崎慎治は、実学を重視しながら学術研究を行う神戸商大の努力すべき方向性について、教員の課題として「商学の本山たらしむる」、学生・卒業生の責務として「商精神の源泉たらしむる」、学内すべての人々の総努力・総親和の意味として「村塾的集団たらしむる」と表した【[63]5頁】。共同体的な雰囲気の中で、神戸高商時代から重視された「学理の応用」を発展させ、「学理と実際の調和」を指導理念として教育研究活動を活発に進めていった。

神戸商大では、商業の進展にともなう新時代の要求に応じるため、従来からの商業学や経済学に加えて経営学の研究・教育にも本格的に手掛けていくことになった。しかし、当時の経営学は、ヨーロッパやアメリカで形成されつつあったとはいえ、日本ではまだ確立されていない学問とされていたため、経営学系の教員たちは、外国文献の翻訳・紹介、経営学の学問的体系の考察、日本企業の経営実態の調査を行い、学問としての樹立を目指した。

その中で実学を志向した成果の一つが、1932年刊行の平井泰太郎による『産業合理化圖録』である。同書の序文に、「神戸商業大学経営学研究室に於ては、予てから経営学に関する各般の著作並に資料を蒐集すると共に、内外一般産業界の実情を調査し、事例を記録する事を努めて居る」【[114]1頁】とあるように、昭和恐慌下で産業合理化が叫ばれる中、平井は、ゼミの学生たちを動員して大規模なフィールドリサーチを行っていた。

例えば、同書では、当時の日本に大きなインパクトを

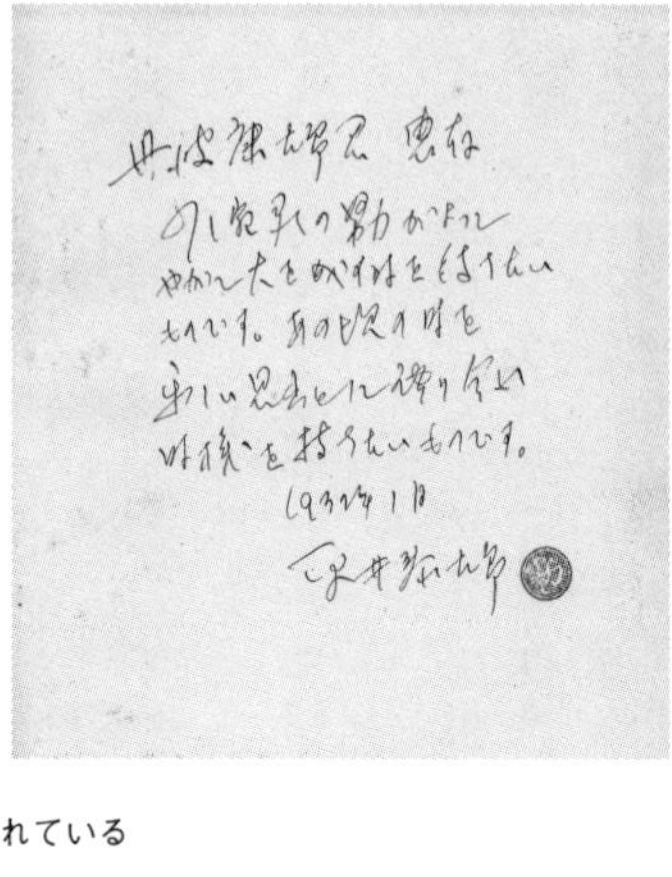

平井著『産業合理化圖録』[114] 表紙。
丹波康太郎に宛てた直筆メッセージが残されている
<神戸大学附属図書館提供>

与えたフォード社（Ford Motor Company）の大量生産についても取り上げており、単にベルトコンベアーをはじめとする機械を大量に使用した生産方式としてではなく、「異種の機械が工程順に秩序正しく肩を並べ、材料はこれ等の機械や作業台の上を絶えざる加工を受けながら流る丶が如くに一途に製品倉庫へと急ぐのである」【［114］233頁】として、その本質である流れ作業の考察もみられる【［144］109－110頁】。800頁を超える『産業合理化圖録』は、当時の日本企業の経営実態を知る手がかりとなる資料といえる。

平井を中心に神戸商大では、ドイツの経営経済学に拠りながら、経営学の学問的体系を模索し学理を追究する一方、広く経営実態に迫るべくフィールドリサーチも進め、机上の研究だけでなく、時代の要請に応える形で経営学の実践にも取り組んでいた。

2　経営学系科目の拡充

神戸高商での経営学教育のスタートは、平井による経営学の1科目だけであったが、1929年の大学昇格後、経済学や商業学とともに、経営学関係の科目が拡充され、経営学系科目の体系化が進められていった。

1931年の講義概要をみると、経済学系科目と商業学系科目が数多く並ぶ中で、経営学系科目は平井の担当する経営学総論と経営業務論がみられるのみであったが、1933年の講義概要では、経営学系科目に経営労務論と経営財務論が加わっており、経済学系科目・商業学系科目・会計学系科目とともにバランスよく並び、経営学科の体を成すようになった。経営財務論は会計学の林《はやし》健二《けんじ》（1899－1950）、経営労務論は経済学説史から経営学に転向しつつあった古林喜樂《こばやしよしもと》（1902－1977）が担当した。古林は、1931年に和歌山高等商業学校から神戸商大に移り、平井と並んで神戸の経営学の柱となる人物であった。平井は、自身と異なる学風でも優れた人材を積極的に招き、経営学の研究・教育の幅を広げ、活性化することを思慮していた。

平井が担当した経営学総論と経営業務論は、欧米の経営学や日本の動向を意識した幅広い領域を網羅し、新しく生じる現実的な諸問題に関わる論点もふんだんに盛り込まれたものとなっており、必修科目とされていた。

経営学総論では、経営学を個別経済一般を対象とする個別経済学とするという構想の下に講義が組み立てられ、他領域に対する経営学の位置づけが意識されていた。まず、経営を組織体として把握し、多様な経営行動を捉えるという問題意識が示され、意義・対象・方法論の解説を通して、経営学の位置づけが他の領域と異なることが強調された。その上で、経営学の政策論的性質の観点から経営目的、すなわち個別経済の合目的的経済活動を導くところの目的が講義された。最終的な目的は経営経済自体の維持であり、そのための経営職能の分化というテーマで講義が展開されていた。

経営業務論では、従来取引行為として捉えられていた経営間の交通関係をすべて経営の業務として組み立て、経営学的視点から講義されていた。そこでは、手工業や大量生産における取引行為、資本家的経済における営利性・組織化・機械化・資本調達といった種々の取引行為にまつわる諸現象が取り上げられていた。また、商業的な金融・取引所・商品流通なども、経営の業務活動の一環として位

〔図表２－２〕　経営学の履修モデル

必修科目		選択科目	
科目名	授業時間	科目名	授業時間
経済原論	3	外国書講読	2
商業政策	2	経済学史＊	2
財政学	2	経済哲学	2
経済史	2	経済政策	2
商業概論	2	工業政策	2
金融論	2	社会政策	2
経営学総論	1	経済統計＊	2
経営業務論	2	景気論＊	2
簿記	3	国際金融論	2
会計学	2	市場論＊	2
商業数学	2	証券取引所論	1
統計学	2	商品取引所論	1
憲法	2	経営労務論＊	2
民法（総則）	2	経営財務論＊	2
民法（物権）	1	貿易経営論	2
民法（債権）	4	銀行経営論	2
商法（総則）	2	信託業論	1
商法（会社）	2	交通論	2
商法（手形）	1	保険論	2
経済地理（第一部）	2	簿記原理及帳簿組織＊	2
商業学（英語）	2	原価会計＊	2
		監査論＊	1
		破産法及和議法	2
		工学概論	2
		産業心理＊	2
		仏語又は独語のうち１	6

注）＊印は優先的に選択することが望ましい科目、「授業時間」は１学年間における毎週授業時間を示す。
出所）[63] 6頁、9－12頁。

置づけられていた。
　経営財務論と経営労務論は選択科目とされていた。神戸商大では、この選択科目について、学生たちの関心や希望する進路に合わせて科目を選べるように、経済学・経営学・貿易・海運・金融・保険・工業経営・市場・会計・商務行政といった10の履修モデルを示しており、経営学の履修モデルについては図表２－２の通りであった。日本経済における工業の重要性の増加や重化学工業化の急速な進行を受けて，工業経営の履修モデルがあることは興味深い点である。

経営学系科目は，平井の構想した経営学の学問体系に依るものであり，経営学総論に各論としての経営業務論・経営財務論・経営労務論を配する形であった。神戸商大から新制神戸大学経営学部へと至る経営学の講義体系と講座編成は，平井の構想に従って形成されていった【[72] 357頁】。

3　神戸経済大学への改称と経営学科の設置

悲願の大学昇格が成就した後，神戸商大では，経営学の研究と教育が本格的に展開していくことになった。しかし，戦時期になると，経済・商業系の教育機関を取り巻く環境は厳しいものとなり，軍事関係での貢献が期待される理工系学校への転換，在学生の繰り上げ卒業，徴兵猶予停止にともなう学徒出陣，学生定員の縮小などが求められた。戦局が厳しさを増すにつれて，学生たちは，戦地に赴くこともあれば，勤労動員として工場での生産活動や様々な土木作業などに従事することも増え，教員もその引率として付き添うなど，教育現場には大きな支障が生じるようになっていった。

幸いにも，神戸商大は，理工系に転換することはなかったものの，商業という言葉を嫌った軍部の意向もあり，1944年10月に神戸商業大学から神戸経済大学に名称を変更し，従来の商学科を拡充・改組して，経済学科・経済行政学科・大東亜経済学科と並んで経営学科が設置された。官立大学での経営学科としては全国初のことであり，神戸経大は経営学士と経営学博士を授与できる教育機関となった[1]。実質的に存在していた経営学科を形式的にも確立し，経営学科の制度化に成功したものである。

この背景として、経営学の有用性を主張する平井の存在が大きかったこともあるが、研究面で商業学が経済学と経営学に分化していたこともあった。経営学科という名称については、商業や商学の単語が忌避される中では、商学科の名前を無理に残すよりも、大学名の商業を経済に変えたように、学科名の商学を経営学に変えて軍部の圧力をかわそうとしたとも考えられる。また、この頃には経営学の研究と教育も進み、学内での経営学に対する認知と理解が高まっていたことも後押ししたとみられる。

経営学科の設置時の経営学系科目は、経営学・経営財務論・経営労務論・経営管理論・経営比較論・経営検査論となっていたが、後に経営労務論が勤労管理論に、経営管理論が生産管理論に改称された時期もあった。学則に定められた科目番号をみると、経営学系科目と同じ400番台には、会計学・原価会計学・官庁会計・簿記理論及帳簿組織などの会計学関係の他に、機械計録論・

〔図表２－３〕　経営学科設置時の必修科目の学年配当

第１学年		第２学年		第３学年	
科目名	単位数	科目名	単位数	科目名	単位数
皇国経済学	1	財政学	1	交易政策	1.5
経済学原理	1	日本産業論	1	経営財務論	1
経営学	1.5	金融経済論	1	経営管理論	1
会計学	1	配給論	1	簿記理論及帳簿組織	1
工学概論	1	経営労務論	1	商法第二部	1
憲法	1	原価会計学	1	経済法	1
民法第一部	1	民法第二部	1.5		
外国書講読	1	商法第一部	1		

出所）「神戸経済大学学部学則」『教授会記録（一）　自昭和十九年一月至昭和十九年十二月』。

1　大阪商科大学では、大学昇格時に貿易科・金融科・経営科・市政科を設け、1931年の学則改正でそれらを学科として明記していたが、2年次に選択する専攻の位置づけであったとみられる【［27］324、376頁】。

工学概論・機械工学・電気工学といった後述する計録関係の科目もみられた。経営学科の必修科目と学年配当は図表2－3の通りであった。この時期の科目名についても、商学や商業の名称は減る傾向にあった。

4　経営学の実践的な展開としての経営計録講習所

経済・商業系の教育機関にとっては厳しい時代であったが、平井の実学としての経営学の研究と教育の取り組みがより大きなスケールで実現することにもなった。それが、戦時期の経営機械化の研究と教育であり、当時としては極めて挑戦的かつ先進的な試みであった。

平井は、1937年から翌年にかけてアメリカに滞在した際、インターナショナル・ビジネス・マシーンズ（IBM）社製の統計会計機（いわゆるパンチ・カード・システム）の計算能力や業務処理の速さを認め、事務の合理化を目指して経営機械化に取り組むことにした。IBM社からの統計会計機一式の無償貸与が実現し、1941年5月に神戸商大内に経営計算研究室が開設され、経営機械化の研究が開始された。平井は、戦時期の統制事務の増加と軍需生産の急拡大にともない合理化が事務や会計にも求められると考え、軍需省や文部省に対して「戦力増強、産業振興、人手の足りない時に機械化をやるに限る」【〔117〕108頁】と訴えていた。

そこで、1944年4月、経済統制や軍需増産を支える事務の能率向上に寄与することを目的として、経営計録講習所（本科1年、専攻科1年）が開設され、経営機械化を担う技能者の養成が行われるようになった。この「計録」とは、計算と記録を合わせた単語であり、講習所の所長を務めた平井による造語である。同年8月には、経営計算研究室が研究機関として経営機械化研究所に格上げされ、講習所の教育を支援することになった。

講習所は、戦時中に設置された経済・商学系の数少ない教育機関であり、大学・専門学校の卒業生を対象とした第一本科、修業年限4年の中等学校の卒業生を対象とした第二本科（男子部・女子部）の2つのコースがあり、男女共学制となっていた。講習所の設立と運営には、陸海軍当局や航空工業会、機械式計算機の製作にも乗り出していた鐘淵実業（鐘淵紡績から改称）などから支援を受けることになっていた。

この講習所は、経営科・計録科・技術科・実習科より成り立っており、経営学・会計学・経営機械化から、工学的な基礎知識や機械操作までをできる限り総合化することを目指したものであり、学際的なものが意図されていた【[122]7頁】。経営機械化の研究がこれからという時期であったことから、その意図が十分に実現されたわけではなかったが、平井の門下生である米花稔をはじめとする神戸商大の教員、ＩＢＭ社の在日法人である日本ワットソン統計会計機の元社員、立川飛行機で経営機械化を担当した技師など、後に経営機械化や情報化の促進で大きな役割を果たす人々が集い講義を行っていた。また、講習

経済経営研究所内に設置された経営機械化展示室。貴重な統計会計機などが展示されている＜編著者撮影＞

所では、単に座学で学理を教授するだけではなく、現場見学や現場実習を通じて実務に接する機会の確保に努めており、それも特徴の一つであった。実業界は学理と実務の融合を図った教育実績を高く評価しており、卒業生たちの中には、勤務先で経営機械化に取り組む者もみられた。

平井は、図表2－4に示されるように、「（講習所）を基礎にして、やがて経営学専門部を作り、三段飛びで我が国最初の、然も只今の所は、国立唯一の経営学部と経営学の大学院を獲得し得たのは、幸いであった」【[117] 108頁】と回顧している。1941年5月の経営計算研究室の開設に際して、平井が、「戦後日本に経営事務の機械化が行はれることは必然ですが、今からそのときの大学の指導的役割を演じたいと思つてゐるわけです」（『大阪毎日新聞』夕刊、1941年5月16日）と語っていたように、単なる学

〔図表2－4〕　新制神戸大学六甲台3学部と経済経営研究所の系譜

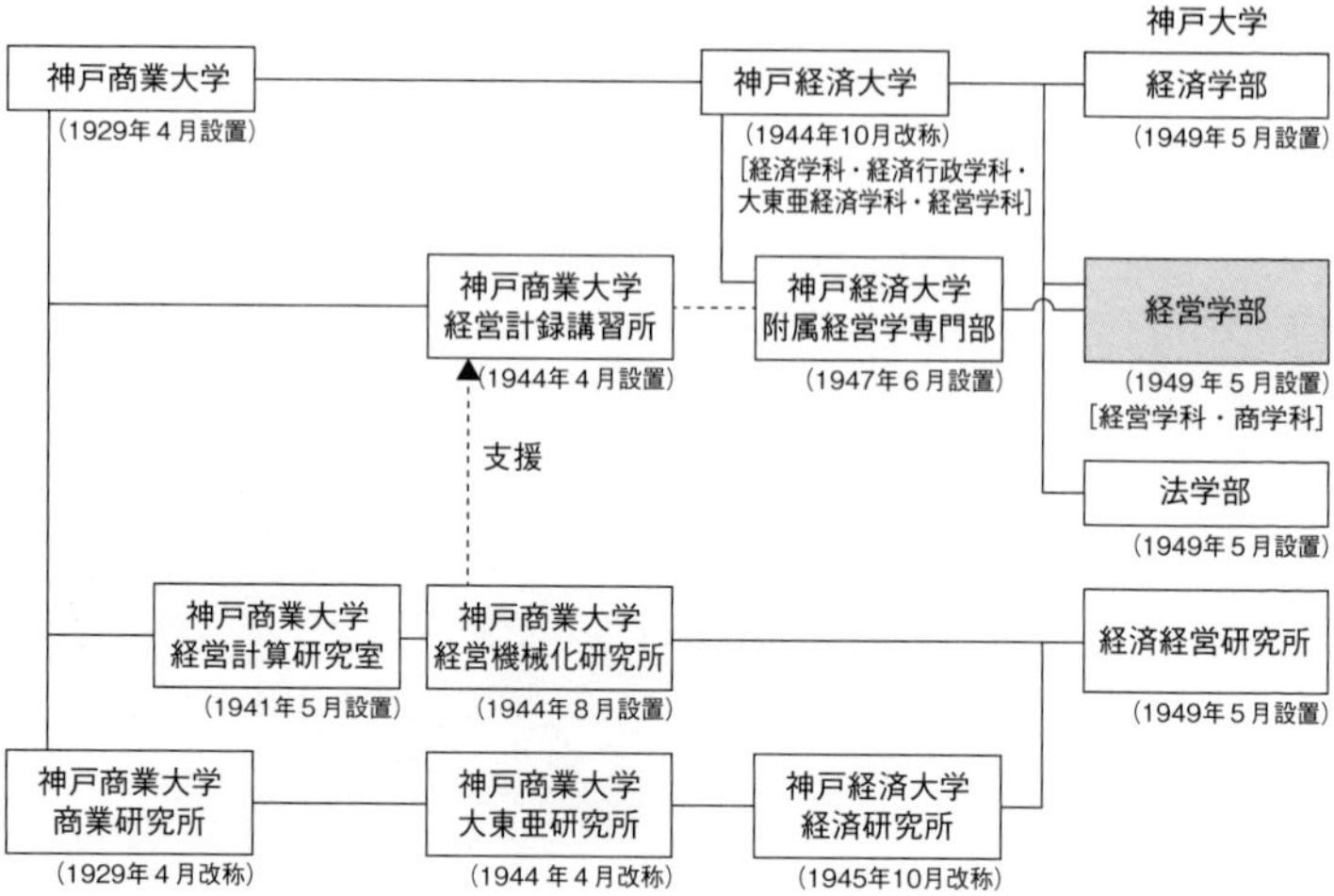

出所）筆者作成。

理の追究として経営学の確立と発展が目指されたのではなく、時代の要請に応えるべく、経営学の実践的な取り組みも交えながらのものであった。

■学び舎の風景③　六甲台ラビリンスにて　―書物と人の「リアル」な出会い―

「もし私が行方不明になったら、社会科学系図書館のどこか、おそらく、いちばん古い手動式書庫のあたりに挟まっている、と通報してください！」本務校から1年間のサバティカルをいただき、研修員として神戸大学に着任した頃、私はこのように告げて書庫に入ったものである。とにかく深く、広く、上下左右に通路が続いている。それは、あたかも六甲中腹に築かれた「ラビリンス」。平地でも一回転したとたんに方向を見失うような私にとって、ここは最高難度の迷宮である。しかも、凄まじい量の社会科学関係の書物。小さな町の書店しか知らなかった（昔の）少女が、大都会の大型書店に初めて足を踏み入れた時のような感動に襲われた。かつて「経営学関係で、神戸大学に無い本はない」と豪語されていた神戸大出身の先生方の言葉がよみがえる。

2019年度の『神戸大学附属図書館要覧』によれば、社会科学系図書館の蔵書冊数は、和漢書が約67万冊、洋書は約72万冊を数える。歴史を振り返れば、1903年に神戸高等商業学校図書館が開設され、商大になって1933年に現在の本館が竣工されるが、当時の『神戸高等商業学校一覧』および『神戸商業大学一覧』によれば、神戸高商時代の1927年時点で、すでに和漢書が約8万2千冊、洋書は約4万2千冊に及んでおり、本館竣工時には和漢書が約

神戸商業大学時代の雰囲気を残す神戸大学附属社会科学系図書館の書庫＜編著者撮影＞

11万5千冊、洋書は5万5千冊となっている。この時点の和漢書冊数は、当時の東京商大（現一橋大学）とほぼ同数であることからも、神戸商大の心意気を感じる。

このような量的な迫力もさることながら、私がいちばん感動したのは、その本たちの背後に「人の息吹」を感じたことである。この図書館の初期の蔵書については、受け入れ年度順に配列されている。1-1-1という最古層から始まる書棚を順次眺めていくと、そこには創成期からの経営学発展の足跡を辿ることができる。もちろん、他の図書館においても、本の配列によってその学問の歴史を知ることは可能であろう。しかしながら、この図書館が他と大きく異なるところは、その本が出版されたまさにその時、後に高名な研究者となる若き著者がこの大学に在籍し、試行錯誤を繰り返しながら自らの理論を創り上げ、湯気の立つような最新の理論を学生相手に真剣に講じていた、ということである。つまり、著者と読者が直接に向き合うその真ん中に、ここにある「本」が存在していたという事実である。別のコラムでも触れておいたが、熱心に読まれた本にはいたるところに学生たちの書き込みがあり、著者の見解や講義に対し、ある者は舌鋒鋭く、またある者は軽妙洒脱に、自由でのびやかに議論を闘わせている。この本は、確かにここで「生きて」いたのである。

さて、人の息吹はこればかりではない。この図書館の古層の一角には、「平井」「東」「坂西」「五百旗頭」などと銘打たれた退官教員たちの個人蔵書の棚がある。ここに並べられている蔵書をたどっていると、その研究者自身の著書や業績はもちろんのこと、当時の同僚や他の大学の研究者から寄贈された著書が収められている。また、その研究者が当時取り組んでいた中心的課題以外にも、興味を抱いていた分野の書籍や資料も多く収蔵されている。その中には、一見全く関連のないような専門領域の本も含まれているが、それらを含め、蔵書の全体から一人の研究者の「世界観」のようなものが感じられる。また、ここには同僚から寄贈された本もあり、それらを開いてみると、その著者の見解への疑問や意見が丹念に書き込まれていることも多い。この中には、当時互いに口に出して交わせなかった意見や、相手への様々な思いも込められているのであろう。というような夢想をしているうちに、あたかも当時の研究者たちが傍らに佇んでいるような、そんな気持ちになることがあった。

さて、最後に、もう一つの「人の息吹」は、この図書館の蔵書を支えた教員、同窓生さらには外部の多くの寄贈者の力であった。先に紹介した1933年時点の蔵書の約1割である1万9千冊は寄贈本である。さらに1925年の『神戸高等商業学校一覧』を見ると、当時の大商社である鈴木商店ニューヨーク支店から「米国政府出版物152冊」、同じくニューヨークの芝川商店から「アカウンティング・セオリー・アンド・プラクティス外70冊」と記された寄贈記録が見られる。初期の洋書の棚を見ると、出版後1年以内という早さで受け入れられているものもあるが、それを支えたのは、このような海外からの支援者の力であったのかもしれない。

今日、図書館は「情報センター」と同義とされることが多い。つまり、実際の本そのものよりも「コンテンツ」にのみ意味がある、ということなのであろう。確かに、高度に情報化された現代では、パソコンの中に蓄積された膨大な「データ」としての「知識」は重要であろう。しかし、知識とはそのような形としてのみ残されるのであろうか。私は、ここで出会った一冊一冊の本そのものを通じて、著者と読者との出会いや、研究者の交流の現場に立ち会えた。それは、この六甲台に学び、教え、思索した「人」とともにある「知識」の姿であった。そして、この出会いを通じて、かすかに「神戸大学の学問」の香りに触れたような気がしたのである。もっとも、これは六甲台ラビリンスの「魔法」だったのかもしれないが。

図書館を出ると、遠くに神戸の街の灯が輝いている。「私も、あんなふうに読まれる本を書いてみたい」そんな気分に満たされながら、大階段をゆっくりと降り、家路についた。

■学び舎の風景④

経営学のマーケターとしての平井泰太郎

経営学という学問分野の名称を最初に提唱したのは、東京高等商業学校の上田貞次郎であった。1905年のことである。この当時日本は工業化の道を歩んでいた。爆走していたといってもよいほどの工業の勃興期である。このような産業界に経営人材を供給していたのは高等商業学校であった。東京だけでは間に合わないので、関西にも高等商業学校が設立されることになった。その地として神戸が選ばれたこの誘致運動に失敗した大阪は、市立の高等商業学校を設立することになった。三高商のはじまりである。上田は高等商業学校の講義科目と社会のニーズの間に齟齬が生じていることに気づき、商業を念頭においた商学ではなく、工業にも通用する経営学が必要だということを説いたのである。

経営学というこの学問分野が一般に普及するうえで、大きな役割を演じたのは神戸の平井泰太郎である。平井は、神戸の高等商業学校を卒業した後、東京高等商業学校にあった専攻部に進学し、上田貞次郎に師事した。専攻部は帝国大学と同じレベルの教育を行って高等商業学校の教授をつくる機関であった。平井は、その後神戸高等商業学校、神戸商業大学、神戸経済大学と次々に名前を変えた現神戸大学経営学部の教授に就任した。ここで平井は、経営学を普及させるためのさまざまなマーケティングの活動を行った。第1は、経営学という講義科目を確立することであった。平井は、日本で最初に経営学という講座を神戸に開設した。1926年のことである。また、神戸経済大学に経営学科という学科を開設した。それをさらに発展させて、神戸大学に経営学部を設置した。日本で最初の経営学部であった。

新設の学部として独立させるかどうかが議論されたが、もちろん経営学部として独立すべきだというのが平井の主張であった。最終的には平井の主張が勝って、経営学部という名称が採用された。実際にこの後も、日本のさまざまな大学で、商学・経営学系の学部や学科が設置されたが、その殆どが経営学部あるいは経営学科という名称を選んでいる。平井のマーケティングが成功したという証拠でもある。

それだけではない。平井は経営学者の養成にも取り組んでいる。経営学博士という学位を創設し、大学院教育にも熱心に取り組んだ。経営学博士は、長らくの間、神戸大学経営学部しか授与できなかった学位である。経営学博士の第1号は平井であることは言うまでもない。平井は、会計学は経営学の重要な分野であると考えていた。公認会計士制度の創設にも貢献した。一時期神戸大学経営学部は会計学のメッカと呼ばれるほど多くの会計学者を輩出したが、これもまた平井のマーケティング活動の成果である。

経営学という名称が上田の提唱になるにもかかわらず、東京高等商業学校で定着しなかったのは、東京では、ドイツに倣って経営経済学という名称が採用されたためである。東京には、不幸なことに経済学コンプレックスがあって、経済学のほうが学問的には高度だという偏見があったためであろう。経営経済学と名づけてしまうと経営学は経済学の枠組みに制約されて発展できなくなる。社会学、心理学、社会心理学などのリベラル・アーツ系の学問の方法や研究成果を取り入れることが難しくなるからである。経営経済学という名称を選んでしまったドイツの経営学が停滞してしまったのもこの理由による。経済学の枠内で分析できる問題を取り上げていた時代には、シュマーレンバッハ（H. Schmalenbach）やグーテンベルク（E. Gutenberg）など素晴らしい学者を輩出した。しかし、経済学の枠組みにとらわれてアメリカや日本のように

兵庫県立播磨中央公園内のいしぶみの丘に建つ平井の顕彰碑。文化振興の功績がたたえられている＜編著者撮影＞

自由に発展することはできなかった。経営学では１９２０年代に用いられた実験的方法が経済学で用いられるようになったのは、20世紀の最後になってからである。

六甲台本館
イラスト／松村瑑郎

第3章

附属経営学専門部の設置と経営学部の独立

経営学部の初代学部長を務めた福田（後）と平井（右）。
1925年ボストンにて＜出典：[118]＞

1　附属経営学専門部の設置

敗戦後、神戸経済大学は、名称こそ戻さなかったが、経済学科と経営学科の2学科に統合し、戦前の研究・教育体制を素早く復元して活動を再開しようとした。しかし、学舎の修理や学生の生活保障の問題から講義の再開は容易なことではなかった。また、進駐軍による大学施設の接収問題も浮上し、最終的には講堂・テニスコート・プールの接収にとどまったものの、教員たちはその交渉にもエネルギーを割かねばならなかった。神戸経大を含め高等教育機関では、敗戦後の厳しい時代の中で研究・教育活動の再開を模索していたが、共通して直面した大きな問題が、教育制度改革にどのように対応するのかということであった。

１９４６年12月、連合国軍最高司令官総司令部（ＧＨＱ）より、高等学校・専門学校・予科について、直ちに大学に昇格させるもの、３－５年後に大学に昇格させるもの、新制高等学校にするものという3種に分ける方針が示された。それを受けて、神戸経大でも対応を検討していくことになった。この時点で、神戸経大では、１９４４年10月に設置されていた経営学科と、経営計録講習所の後継である附属経営学専門部で経営学の研究・教育が行われており、すでに経営学部設立の条件が相当程度作られていた【[73] 338頁】。新制神戸大学経営学部の誕生に至る教育制度改革をめぐる対応を追っていく前に、この間の経営学の教育に関わる神戸経大の取り組みをみておきたい。

まず、附属経営学専門部は、敗戦後、速やかに経営機械化の教育を再開していた講習所を母胎として、1946年8月に旧神戸高等商業学校に相当するものとして開設された。専門部は、本科3年の上に専攻科1年を置き、本科卒業生の他に、全国の経済・商業・工業の専門学校からも受け入れるとされた。これは、講習所以来の男女共学制とともに、専門部の特徴であった【[117]106頁】。

その設立準備過程をみると、引き続き経営機械化の教育を謳いながらも、初代部長を務めた平井泰太郎が「特に機械計録に興味を持つ者に就て専攻科で大いに修得させれば良からん」(『附属經營専門學校設立準備委員會議事録』1946年5月25日)としたように、本科では経営学を中心とする教育に比重が移りつつあった。経営学系科目としては経営学・労務管理論・生産管理論・経営財務論・経営業務論・経営実務、会計・計録関係の科目としては会計学・原価計算論・経営統計学・計録組織論・機械計録論・機械計録実習があり、工学系科目もあったが、経済学や法学の科目はやや手薄の感があった【[72]264頁】。神戸商業大学の時代から行われてきた経営機械化という実学教育は、専門部までは受け継がれてきたが、新制神戸大学経営学部のカリキュラムからは消えることになる。

専門部は、設置当初から、予科とともに発展的に解消して学部になることが想定されており、「専門部の人事は未完成であるが「消滅の運命にある専門部の人事」といふより「新生する学部の人事」といふことで考へて行くべき」(『旧制教授会記録』1947年2月5日)とされていた。経営学部の誕生時には、専門部から教授2名(竹中《たけなか》龍雄《たつお》(1904-1989)・久保田《くぼた》音二郎《おとじろう》(1908-1979))と助教授2名(戸田義郎・入江《いりえ》猪太郎《いたろう》(1908-1990))が異動し、学部の完成のために教員の充実が図られた1953年4月の時点では、教員の約4分の1が専門部で教員を務めたキャリアをもっており、神戸経大の教員とともに専門部の教員も大きな役割を果たしていた【[73]343-345頁】。

専門部は、すべての学生が卒業した1951年3月に廃止となり、1949年3月の第1回から417名の卒業生を輩出した。1949年度には96名の卒業生が新制神戸大学に入学し、そのうち79名が経営学部であった【[73] 338頁】。

専門部の開設に続いて、1947年4月、神戸経大では、官立大学としては初めて夜間コースの第二学部（3年制）を開設し、勤労者に大学教育の機会を提供した。第二学部は、経済学科と経営学科に分かれており、入学資格は、高等学校卒業者・大学予科修了者・専門学校本科卒業者となっていた。敗戦後の経済的困難な状況の下で生計の維持に苦心しながらも、就学意欲をもっていた若者たちの支持を集めることになった。第二学部は、新制神戸大学発足後、経済学部と経営学部の第二課程に受け継がれた【[72] 262－263頁】。

専門部や第二学部を開設した戦後の神戸経大については、実業界に対して実用性や即戦力を強く印象づけたと評価される【[30] 122頁】。現在、神戸大学六甲台第1キャンパスの本館前の一角に設置されている「わが國の經營學こ

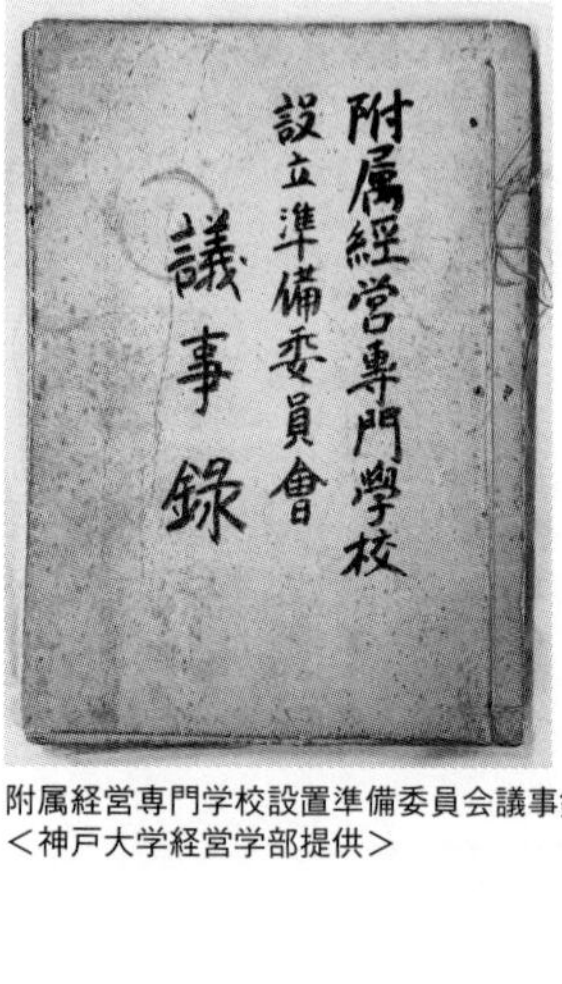

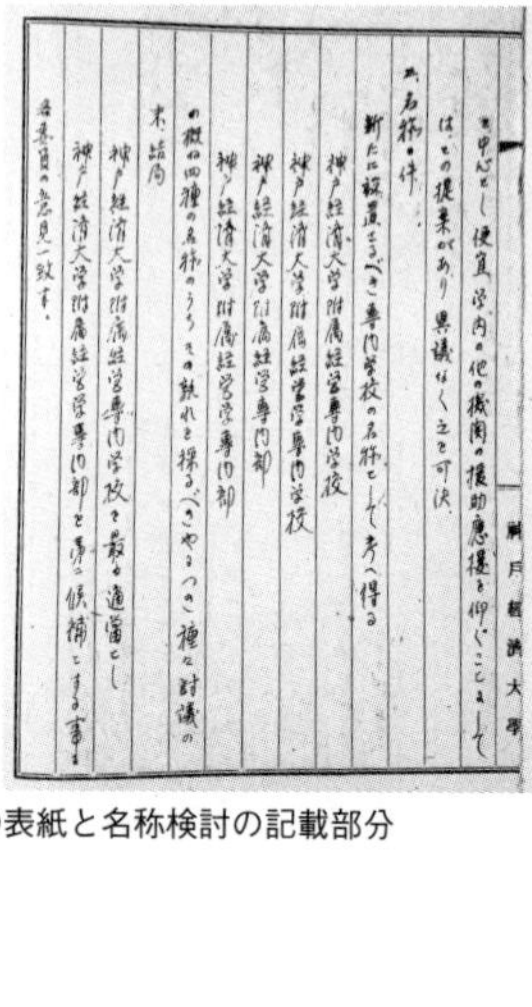

附属経営専門学校設置準備委員会議事録の表紙と名称検討の記載部分
＜神戸大学経営学部提供＞

こに生まれる」の石碑は、専門部を記念して２００７年に設置されたものである。現在では9月のMBA修了式の後、この石碑の前で修了生たちが記念撮影を行う風景が定着してきた。

2　教育制度改革の中での経営学部の位置づけ

経営学部の誕生が決まるまでの過程に話を戻すと、意見表明と意思決定の場であった教授会・全学協議会・学制改革委員会で、経営学という学問の性格と内容、さらには学問としての成熟度が問われることになり、経営学部の独立を推進・擁護する者と消極的・懐疑的に考える者の間で議論が繰り広げられていた。

ＧＨＱや文部省の国立大学再編の基本方針としては1府県1大学であり、兵庫県の大学として中核となる神戸経大では、経済学部と経営学部から成る2学部案、それに法学部と文学部を加えた4学部案、総合大学を目指して、医学・理工系学部しかもたない大阪帝国大学との合併案、兵庫県内の官立学校の併合案が考えられた。しかし、法律系の教員の処遇、予科と専門部の位置づけの問題から、神戸経大単独で法学部と文学部を新設する人文・社会科学系の総合大学を目指す案にシフトしていった。

予科・専門部・第二学部からも委員が出る小委員会の学制改革委員会では、人文・社会科学系の総合大学を作る方向性の下、経営学部を独立させる4学部案と経済学部に包摂する3学部案が検討されることになった。１９４７年12月4日の学制改革委員会では、4学部案9名、3学部案5名、保留1

名で一応4学部案が可決された。しかし、12月10日、最終的な決定権をもつ教授会では、後述する大阪大学（1947年9月に大阪帝国大学から改称）との合併が再び検討されるようになり、賛成者多数で決定が保留されることになった。

大阪大学との合併が模索される中、神戸経大は、交渉が不利にならないように、人文・社会科学系の総合大学としての方針を固めておく必要があった。1948年1月19日、全学の公聴会的な性格をもった全学協議会では、4学部案37名、3学部案32名、白票2名で4学部案が可決され、1月21日の教授会にて4学部案が圧倒的多数で可決された。これによって、新制神戸大学は、経済学部・経営学部・法学部・文学部の4学部とすることになった。

この間の議論をみると、一つの論点は新しい大学の方向性についてであった。神戸高商以来の伝統として実学を重んじてきたことが、新しい時代にリベラル・アーツを中心とする大学を目指した予科の教員たちから批判を受けることになった。代表的な存在であった予科長の服部英次郎《はっとりえいじろう》（1905－1986、後の文学部教授）の発言をみると、次の通りである。

> 商学の本山、商精神の源泉という考へ方は当然放棄されたと思う。然るに戦後も依然コマーシャリズムが往行している。商学の本山という考へ方は、本学の今後採るべき理想形態を妨げ、村塾精神は排他的である。…（中略）…従来の余りにも職業的な教育から、自由な判断力を持つ市民を教育することになければならない。…（中略）…本学の発展は日本の資本主義、帝国主義と成立を共にして来たので、この道は我々の道ではない（『学制改革委員会議事録（一）』1947年11月

26日）

当然、その矛先は経営学部の独立にも向かい、加藤《かとう》一郎《いちろう》（１９０４－１９９４、後の文学部教授）も、「経営学部が出来ることにより、実学主義の伝統がつがれることが遺憾で、今度の改革でそれを一掃したい」（『学制改革委員会議事録（一）』１９４７年12月４日）と強く反対していた。

このような主張に対して、神戸経大と専門部の教員たちは反論し、田中金司（後の経済学部・経営学部教授）は、「白紙の大学をつくるというのでなく、神戸経済大学を基礎として社会科学系綜合大学をつくる」（『学制改革委員会議事録（一）』１９４７年11月26日）ことを訴え、専門部の竹中龍雄は、「神戸経済大学を基礎にしてよりよい大学をつくるというのが現実の課題である。従って過去のよいものを捨て去る理由はないと思う」（『学制改革委員会議事録（一）』１９４７年11月26日）と主張した。経済学系・経営学系の教員たちは、大学は一般的教養を培うだけではなく、それぞれの学部で専門的な教育を施す必要があり、伝統の実学を重んじた上で新制大学を作ることに特色を出そうと考えていた。

もう一つの論点は、学問としての経営学を認めるか認めないかではなく、経営学の基礎として経済学があるという共通認識の下で、その関係をどのように捉えるのかということであった。この点については、経済学系・経営学系の教員の間でも意見の相違がみられ、経営学部の独立をめぐって賛否が分かれるところであった。

一つの意見が大経済学部の構想であり、経営学の発展水準からすると独立させるには早すぎるため、経済学部の中で育成する必要があるというものである。もう一つの意見が、経済学を経営学の基礎科学として認識しつつも、経済学部の中に経営学を置けば傍流の立場に追いやられるため、経営学の発展を考えれば学部として独立させる必要があるというものである。

後に同じ経営学部に所属することになる教員の間でも、このような意見の違いがみられた。例えば、前者の立場として、経済学の一分野として商業学の発展に尽くしてきた福田《ふくだ》敬太郎《けいたろう》（１８９６－１９８０）は、次のように発言していた。

経営学を発達せしめる点には異論はなく、只その手段として経営学部を独立せしめる点に問題がある。

経済学と経営学とは不可分なるべきであり、前者の発達は自然後者の発達を斉らすものである。研究分化の面に於てもそれは大経済学的にやる方がよい。両者は一層緊密に聯合すべきである。教育学的に言っても研究の進歩と研究者の気持は不可分であり、先づ一般的に経済学に入って興味をもった上で更に専門的に経営学に入る方がよいと思ふ。従って経済学部のある所には商学部、家政学部等は不用、又その逆。綜合大学に両者を兼ね置くことは無用である

（『学制改革委員会議事録（二）』１９４８年1月19日）

これに対して、後者の立場として、経営学の独自性を訴えた平井は、次のように応じていた。

経営学が経済学を基礎とする点は認むるも、その基盤としての経済学は経営学にとり充分でない

ものがあった。この欠陥を補ふために一学部を構成するに足ると思ふ。コムマーシャリズムを離れた経営学として、行政経営学、国家経営学を育て度し、又事実一の学部があれば学問は促進せられる。綜合という面について言っても経営学部は単に経済学部に属するのみでなく、法学部文学部にも従ふを要するので、一の全学的立場を必要とする。従って一学部として考へるのでなければ目的を達し得ぬ（『学制改革委員会議事録（一）』１９４８年1月19日）

平井は、経営学を従来のようにドイツ経営経済学に依拠するだけではなく、アメリカの経営学の発展を見据えながら、経営学は経済学のみに依拠するものではないと考えていた。

アメリカの経営学では、サイコロジカル、テクニカル、エコノミカル等五つの基礎の上に研究されるといわれる。即ち単に経済学との交渉のみでなく、法律、技術、心理学等々との交渉を生じ一経済学部の領域をこえる。しかもこれを雑然とするのでなく、綜合する必要が考へられねばならない（『学制改革委員会議事録（一）』１９４７年12月４日）

経営学の位置づけや性格をめぐる議論の中での福田と平井の

学生新聞『神戸経済大学新聞』に掲載された平井と服部の対立を風刺する画
＜神戸大学大学文書史料室提供＞

考え方の相違は、それぞれ商業学と経営学を代表する立場でもあったことから、商業学と経営学の対立として、学生たちにも受け取られた一面もあった。しかし、議論の場での教員たちの発言をみていると、多くの教員が経営学を育てようとする気持ちを共有しており、そのための方策を真剣に考えていたことが伝わってくる。

3　幻の阪神大学構想

経営学部の独立をめぐる検討の過程では、医学・理工系の大阪大学と社会科学系の神戸経大の合併による阪神大学構想が再度浮上していた。文系学部の新設を熱望する大阪大学と、４学部案の実現を期する神戸経大とが合併すれば、日本有数の総合大学になる可能性があり、対等合併として神戸側が文系４学部、少なくとも経済学部・経営学部・法学部の３学部を担うのであれば、実現の可能性はあったかもしれない。

しかし、大阪大学は経済学科を含めた法文学部の新設も計画し、すでに文部省の承認を得て財源の確保を待っており、それが実現すれば、神戸経大は、合併交渉で不利となる恐れがあった。そのため、１９４８年に入ると、神戸経大では、合併が破談になった場合に備えておく必要があり、人文・社会科学系の総合大学の既成化を進めていた。そこで問題となるのが、経営学部の取り扱いであった。大阪大学は、他の帝国大学でも経営学部は設置されておらず、学問の独立性からも相応しくないという態度を示しており、神戸経大の中でも、経営学部の設置は合併後の問題として棚上げする方向に傾いていった。

神戸経大の教員たちが懸念した通り，1948年4月，大阪大学は，法文学部の新設が大蔵省で承認されると，経済学部や法学部の人事を神戸経大側に任せない上，将来的には大阪にキャンパスを置き，大学名も大阪大学とすることを主張するようになった。大阪大学は人文・社会科学系の総合大学として神戸経大を認めて合併するのではなく，経済学部の新設のために吸収するという考えであったと，神戸経大側としては感じざるを得ないものであった。

模索されてきた大阪大学との合併は，神戸経大の主張が認められなかったことから，1948年4月9日の教授会で交渉を打ち切ることを決定し，単独での4学部案で文部省との折衝にかかることになった【[74]55－67頁】。

4　新制神戸大学経営学部の誕生へ

神戸経大単独での4学部案で落ち着くかにみえたが，1948年5月6日，1府県1大学を基本方針とする文部省は，兵庫県下の官立の専門学校・師範学校・高等学校を統合して経済学部・人文学部・工学部・学芸学部からなる兵庫大学の創設を要請してきた。神戸経大が統合問題を留保しつつ4学部案を主張したのに対して，文部省は，法学部の独立と神戸大学の名称を認めつつ，統合の必要性を訴えていた。神戸経大は，研究・教育水準が専門学校や高等学校よりも低いとみなされた師範学校の統合に難色を示していたが，4学部案の実現を期して学内外で統合をめぐる駆け引きが行われ，遂に文部省も経営学部の設置を認めるところとなった。

4学部案の実現の見通しが立ったこともあり、1948年6月12日の教授会では、兵庫師範学校・兵庫青年師範学校・神戸工業専門学校・姫路高等学校を合併し、新制神戸大学は経済学部・経営学部・法学部・文学部・工学部・教育学部の6学部で発足することが決定された。6月25日、文部省は、文学部を文理学部に変更することを条件に6学部を承認した。

新制神戸大学は、A級大学（大学院を置く大学）を目標としており、統合する諸学校の研究・教育の水準とそのあり方が問題となった。文理学部・教育学部・工学部では、旧制大学級の研究・教育水準へと高めるべく、多くの教員を学外から迎えて対応し、神戸経大から生まれた法学部も、教員の充実を期して、学外に人材を求めた。しかし、高商以来の長い伝統を有する経済学部と経営学部が問題となることはなく、神戸経大の教員が中心となり、新たに教員を助手として採用し内部で養成する方針を採っていた。

三商大としては、戦時期に東京産業大学に改称していた東京商科大学が、社会科学系を中心に経済学部・商学部・法学社会学部から成る一橋大学として再出発した。経営学の発展に寄与し続けてきた一橋大学であったが、商学の伝統から、経営学科ができたのは1975年4月のことであった。また、大阪商科大学は、大阪を地盤とする総合大学として経済学部・商学部・法文学部・理工学部・家政学部から成る大阪市立大学となった。

他大学の動向を簡単にみると、1953年4月に明治大学が神戸大学に次いで経営学部を設置し、1959年以降、各地の私立大学で経営学部の設置が続いていったが、国立大学としては、1967

年6月に横浜国立大学に2番目の経営学部が設置されるにとどまった。

経営学科については、教員の陣容が整っていたことや、学部よりも条件が緩いことなどから、福島・滋賀・山口・大分の経済専門学校が1949年5月の新制国立大学の発足とともに、経済学部の中に経済学科と併設していた。また、旧帝国大学としても、京都大学で1954年頃から経営学科の設置を模索する動きがあり、1959年4月に経済学部の中に設置が認められ、東京大学では1962年4月に半世紀以上の歴史をもつ商学科を経営学科に改称した。私立大学でも、1949年2月に認可された立教大学経済学部経営学科をはじめ、いくつかの大学で経営学科が設置されており、昭和30年代になって本格化していった【[140]99－102頁】。

なお、新制神戸大学の経営学部の名称をめぐっては諸説ある。経営学部と商学部で名称を争い、教授会の投票で経営学部に1票差で決まったという説もあるが、教授会をはじめとする記録にはその痕跡はない。平井の独断であったという説もあるが、これにも根拠はない。

神戸経大に改称した際に経営学科を設置し、専門部を設置する際にも名称に経営学を使っていることを考えると、神戸経大の中では経営学部とするコンセンサスができあがっていたと思われてならない。教授会をはじめとする当時の記録に経営学部と商学部で名称を争った痕跡が見当たらなかったのは、そのためであろう。神戸経大には当然商学関係の教員がいたが、「経営学の支持は平井博士というよりは神戸大学の伝統というべきか」【[140]98頁】）という見解も間違ってはいないように思われる。

現在の神戸大学では「実学」という表現こそ用いていないが、「学理と実際の調和」を建学の理念としている。創立された時から実学を重視し、大学に昇格した後は、理論先行の学問ではなく、実践に裏打ちされた学問が目指されてきた。その中で、経営学が胎動を始め、時代の要請に応える形で経営学の実践が図られてきた。予科からは経営学＝実学と批判されたが、平井が「経営学の問題をね、僕はいつでも地場からやっている」【〔59〕47頁】と語ったように、経営学は、現実の経済・経営活動と切り離せるものではなく、経済・経営活動に有益なものであることが求められたが、かつての商業学のような単なる実務的知識の集積では学問として成り立たなくなっていた。工業経営講座の稲葉《いなば》襄《のぼる》（1914－2006）が「実践と結びついた理論を研究するのが現代の実学」【〔123〕121頁】と語ったように、「学理と実際の調和」を図ることが、経営学の大きな課題であり、新制神戸大学経営学部に与えられた使命でもあった。

■学び舎の風景⑤

余白の競演　―グラフィティー（落書き）の熱量―

真夏の日差しを逃れ、社会科学系図書館の入り口を入ると、ひんやりとした空気と古い書物の匂いに包まれる。大階段を登ると、二階ホールの正面に「青春」と題された大きな壁画がある。雪の連山を背景に、湖のほとりに一人の老師（水島鋏也）が立ち、若者たちが取り囲む。師の右手は天（真理）を指し、絵の左側は「学究」（静の世界）、右側は「友情」（動の世界）を表す。そこには「協同」「希望」「平和」「試練」「青春」の精神が込められ、若者のユートピアが描かれているという。1934年に中山《なかやま》正實《まさみ》（1898-1979、1919年神戸高商卒）画伯により制作、寄贈されたものである。

ホールで休憩の後、私が真っ先に向かうのは書庫「1-1-1」番地。この図書館で一番古い蔵書が収納されている、日本の経営学のいわば「源流」地点である。湧き出ずる最初の一滴を探しあて、驚きと感動とともに味わう。まさに至福の時間である。

その日、私は以前から気になっていた、平井泰太郎『経営学入門』（2圓30銭）【［113］】を手に取った。まさに、日本の経営学の源流の一つである。平井自身については、神戸大学出身者から多くの逸話を聞いていた。「日本の経営学の創始者」であり、「日本の経営学部の創設者」であり、「日本の経営学博士第一号」であり…。その話には常に「日本初」という冠が付されていた。彼らが平井を語るとき、歴史上の英雄のようでもあり、厳しくも温かい親父のようでもあっ

社会科学系図書館内に掲げられた中山画伯による大壁画「青春」
<編著者撮影>

た。その結果、私の心には「神戸組大親分、その名は平井泰太郎」という印象が刻まれ、著書を開くことすら憚られた、というのが本音である。

しかし本丸まで来て、もはや逃げるわけにもいかない。私は意を決し、平井自身の寄贈（1932年）から87年の歳月を経て、セピア色に変色したその本を開いた。と、真っ先に目に飛び込んできたのが「ヤッサン、ガンバレー！　一九五五年九月」。何と、大胆な「落書き」である。それも一か所や二か所ではない。ある者は消えそうな鉛筆で、ある者は万年筆で、決して安くはない（現在の5,000円程度）書物の余白に、軽妙に、親しげに、辛辣に、個性的な文字を書き連ねている。曰く、「三十七、八のおっさんがどうしたというんだ」確かに、この時の平井は37～8歳である。応えて、「貴様は三十七、八にならないとでもいうのか、早ク死ネ！？」と。さらに乱入、「貴様も十二才だね　マッカーサー」この時代を感じるフレーズである。最後には「下らん落書きはよせ」という仲裁者まで現れた。

厳しい批評もある。「未完成の一研究者として當然の悩みの吐露と考える。しかし小生は不満でもある。完成されし著作の出版を乞ふ　一九五〇、六、一二」。その隣には、「泰さん頑張れ　道は遠くナイゾ！」。それに反論して、「バカ、道は既に出来ている。商業学という立派な道が。泰サンはこの道を散歩気分で歩くのがお好きってエ訳サ。琥珀マガイのイキなパイプをくわえてねー」とくる。このページには、次々と参戦者も現れる。「経営学とは　前垂れの学問だ！〝未来の大経営学者〟一九五〇、六、九。」「法螺井吹太郎　第二世」「ラッパ　平井泰太郎　一九五四年」。ついに、ご本人？まで登場「何に云うチョルカ　平井泰太郎」。今日のネット上の会話さながらである。ここでは本が「メディア」となっている。

当時、「ヤッサン」と呼ばれた平井先生と学生との距離の近さ。自らの経営学を熱く語る教師とそれに応援、反撃、当惑する学生。それが一冊の本の上で、なんと生き生きと「競演」しているのだろう。この落書きに背中を押されて、私も「よし、読もう」という気になった。

この本は、いわゆる「入門」などではなかった。新たな学問「経営学」誕生の苦しみや喜び、それを何とか育もうとする平井の闘いが、溢れんばかりの勢いで描かれている。その刃は経済学や商学に向けられていると同時に、経営学それ自体や研究者にも向けられていた。ライバルの福田敬太郎（商学）への学問的批判は確かに厳しいが、それは「真の商学」と「真の経営学」の姿を見極めようとする、平井の探求の現れではないか。「大学は研究と同時に講義をするところだ！」という檄は、高商教育を継承することの誇りと気概のようにも思われる。一気に読み終わり、私も思わず呟いた「ヤッサン、頑張れ！」と。

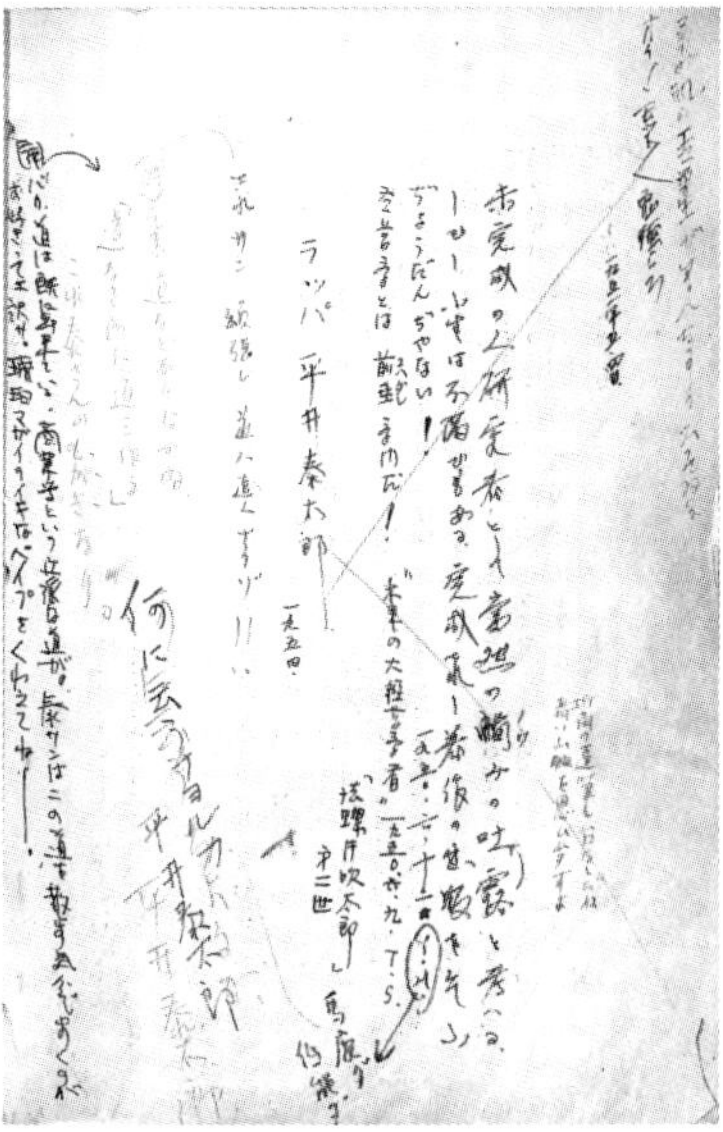

平井著『経営学入門』［113］に残された学生たちの落書き
＜神戸大学附属図書館提供＞

この本への落書きが最も激しく書かれているのは１９５０－１９５５年。神戸大学が新制大学への改革をめぐって、教員も学生も熱き議論を戦わせた直後である。この落書きにも、そのような「戦いの跡」が見えなくもない。しかしそれよりも、学生たちは教師たちの真剣な「学問論争」が、本当に楽しくて心躍らせたのではないか。教師の熱は学生に伝わり、それが落書きに結実し、本という船で時の海を渡り、今ここにある。「青春」の証しとして。

青春の熱量に圧倒され、ここまで落書きの面白さを書き連ねてきた。しかし、今では（おそらく以前から）図書館の本に落書きをすることなど、決して許された行為ではない。そのことは私でも理解している。それでも、彼らの落書きの最後に、私もどうしても書きたくなるのだ。「ガンバレー、ミライヤスタロウたち！」と。彼らの船出が幸多きことを願って。

社会科学系図書館
イラスト／松村瑑郎

第4章

神戸大学の開学と経営学部の誕生

神戸大学開学記念講演会で講演する海道（1956年）＜海道ノブチカ氏提供＞

1　日本初の経営学部

(1)　新制神戸大学の中核学部として

戦後の学制改革に伴い、1949年に新制・神戸大学が設置された。神戸大学は、神戸経済大学のほか、姫路高等学校、神戸工業専門学校、兵庫師範学校などを併合し、新たに新制大学としてスタートを切った。

開学当初、文理学部、教育学部、法学部、経済学部、経営学部、工学部の6学部が文部省から認可を受け設置されたが、その中心となったのは、言うまでもなく神戸高商以来の伝統を持つ神戸経済大学の系譜を汲んだ法学部・経済学部・経営学部の3つの学部であった。この3学部の中でもとりわけ経営学部は、神戸高商の系譜の中核をなす重要な学部として内外に認知されていたことは想像に難くない。

ここに全国初の学部名称である「経営学部」が神戸大学に誕生し、その下には経営学科と商学科の2学科が設置されることになった。経営学部誕生に当たっては、第3章で見たように、経済学部の中に経営学科を置くべきだといった案（大経済学部構想）も出されていたが、紆余曲折を経つつも、結果的には単独の学部として設置されたのであった。

服部英次郎や加藤一郎をはじめとする人文学系の教官からは、経営学のような実学はアカデミズムを探求する大学にはそぐわないので，新制大学としての出発を機に一掃すべきだという強硬な批判もあったが，推進派の意見が通り，学内決議を経てひとまず「経営学部」がスタートを切ることができたのである。

多くの批判があったにもかかわらず，全国初の経営学部を成立させることができた背景には，やはり平井泰太郎の力量によるところが大であったといえるだろう。すでに神戸経済大学において，平井らの尽力により全国初となる「経営学」の講義が開講されており[1]，以降，経営学科のほか経営計録講習所やそれを発展させた附属経営学専門部も設置された。こうしたことから，全国的にみても，当時ドイツやアメリカで新たに興りつつあった経営学という学問領域の我が国における一大研究拠点が神戸経済大学であるとの認識が社会的に広がっていたことが大きい。

加えて平井は，金融，交通，保険といった諸領域を，一橋大学のようにすべて商業と呼ぶのは奇異であり，むしろ「経営」という公約数で括って統一的にとらえるべきであると主張していた【[117]108頁・[140]98頁】。実際，経営学部設立直前の講座編成案では，商学系の講座が，例えば商業経営論や銀行経営論，貿易経営論，交通経営論，保険経営論など，すべて「経営」の2文字が加えられたものとなっていたことは注目に値する【[73]339頁】。こうした点に鑑みれば，平井が主導することによって

1　「経営」概念を講義名称に初めて付したのは，東京高商の上田貞次郎による「商工経営論」（1909年）である。上田は，旧来の商業学を脱し，経営概念の下に独自の学問体系を志向した。もっとも，上田の「経営学」概念は，今日のそれとは違い，財政学や家政学を含む上位概念として位置づけられていた【[77]15‐29頁】。

日本初の「経営学部」が誕生したとみてよい。

(2) 初代学部長

ただし、意外にも初代の経営学部長に就任したのは平井ではなく、むしろ大経済学部構想に与《くみ》し平井と激しく論争した同期の福田敬太郎であった。平井は、その該博な知識と人並外れた行動力により、新奇で独創的な構想を打ち立てることには長けていた半面、理念先行で時に暴走しかねない危うさも孕んでいた。

対する福田は、商人の知識を集めたに過ぎないとの批判があった商業の概念を精緻化し、商学を学問的に体系化した『商学総論』【〔120〕】等の業績により高い評価を受けていた。また福田は、緻密で手堅く、調整力に優れており、構想を着実に実行に移すことができる実務能力の高い人物として知られていた。

経営学部構想を主導した平井ではなく、より現実的なレールをしっかりと敷ける福田を初代学部長として経営学部教授会が選出した点は、経営学部らしいバランス感覚に優れた人事であった。経営学部開設に至るまでの間に学内から出されていた実学への批判をかわす意味においても、福田の学部長就任は大きな役割を果たしたといえよう。

六甲台本館玄関前での経営学研究室の集合写真。
前列中央は平井（1954年）<出典：[58]>

平井は、福田の学部長任期が満了したのち1956年に経営学部長に就任した。経営学部の学部運営が学内的にもうまく軌道に乗った後に、学部設立を主導した平井が学部長に選出されたのである。他方、実務能力に長け全学的な信頼も厚かった福田は、その後1959年に神戸大学の第3代学長に就任している。

2　経営学部の基盤形成

(1)　経営学部の講座体制と教育

教育と研究の基礎的な単位となるのが「講座」と呼ばれる組織であった。講座には教授、助教授、講師、助手という階層関係のある教官が配置され、研究教育上の基本的な編制単位となる。当時、国立大学の学部はこの講座を単位として必要となる運営費が算定され、その結果として部局運営費が決定される仕組みとなっていたため、多くの講座を有する学部は予算規模が大きく、恵まれた部局運営のできる学部であった。

神戸大学が開学された1949年から4年後の完成年度に当たる1953年における経営学部の講座の陣容を示したのが図表4－1である。

図表4－1によると、当時の経営学部は、経営学（狭義）関係の講座が6講座、会計学関係の講座が4講座、商学関係の講座が6講座の合計16講座から構成されていたことが窺える。担当者は、教授

が13名、助教授6名、講師3名、助手6名の合計28名であり、今日（2020年）の経営学部が約60名の教員を要していることに鑑みると、人数的には今日の半分程度の規模であったといってよい。

また、この図表4－1の注に記すように開学直後の1949年からの4年間で経営形態論や経営財務論、経営統計といった経営学関連の諸講座が新たに開設され、経営学領域での講座の充実が意図されていたことが窺える。加えて、この表には示されていないが、経

〔図表4－1〕 経営学部における講座（1953年4月）の陣容

（単位：名）

講座名	教授		助教授		講師		助手		合計	
	定員	実員	定員	実員	定員	実員	定員	実員	定員	実員
経営学第一	1	平井泰太郎	1	市原　季一	1	—	1	森　昭夫	4	3
経営学第二	1	古林　喜樂	1	—	—	海道　進	—	—	2	2
経営形態論*	1	竹中　龍雄	1	占部　都美	—	—	—	—	2	2
経営財務論*	1	丹波康太郎	1	—	—	—	—	—	2	1
工業経営	—	—	1	稲葉　襄	1	—	—	—	2	1
経営統計*	1	—	1	—	1	安達　和久	—	—	3	1
簿記	1	戸田　義郎	1	大塚　俊郎	—	—	—	—	2	2
会計学第一	1	山下　勝治	1	—	—	—	1	谷端　長 高田　正淳	3	3
会計学第二	1	久保田音二郎	1		—	—	—	—	2	1
原価計算	1	—	1	溝口　一雄	—	—	—	—	2	1
商学	1	福田敬太郎	1	荒川　祐吉	—	—	1	平田日出夫	3	3
貿易論*	1	入江猪太郎	1	—	1	石井　卓爾	—	—	3	2
金融機関論	1	田中　金司	1	—	—	—	—	—	2	1
交通論	1	野村寅三郎	1	—	—	—	—	秋山　一郎	2	2
海運論*	1	勝呂　弘	1	—	—	—	—	—	2	1
保険論	1	白杉　三郎	1	—	—	—	—	水島　一也	2	2
合計	15	13	16	6	4	3	3	6	38	28

注）*は開学時点（1949年5月）にはなく1953年4月時点までに追加された講座を示す。また開学時点の商学第一と商学第二は商学に統合されている。
出所）【[73] 345頁】をもとに筆者作成。

済経営研究所において経営機械化や経営経理などの研究部門が設置され、井上忠勝（経営史）や米花稔（経営立地論）らが着任したのもこの時期であり、開学直後の数年間で神戸大学における経営学の研究教育体制が急速に拡充されていったことが窺えよう。

さらに、商学領域では、経済学部の教官が兼任教授として経営学部を支援していたことは注目すべき動向である。金融機関論講座の田中金司は経済学部の教授であったが１９５５年度まで経営学部教授をも兼任していたし、この図表には書かれていないが、経済学部教授の藤井茂《ふじいしげる》（１９０８－２０００）は１９４９年の経営学部設立時に商学第二講座の教授を兼任で務めていた。田中も藤井も、経営学部の研究指導（ゼミナール）を、経済学部の研究指導とともに担当していた。田中の退官後も、経済学部所属の新庄博《しんじょうひろし》（１９０２－１９７８）が経営学部では金融機関論講座の教授に就任し、田中・藤井と同様に経営学部の研究指導をも担当していた【［73］344頁】。

こうした経済学部からの協力が興味深いゆえんは、経営学は実学志向が強く大学で教授すべき学問ではないといった新制大学設立時の学内批判（第3章2参照）に応える意味を有していたと解釈されるためである。当時、経済学は経営学の理論的基礎の一部を形成しているという考え方が一般的には根強くあり、経営学部においてその基礎をなす経済学を専攻する教官を擁した体制を整備することで、そうした批判に応えようとしていたという側面もあったと理解される。

研究指導以外の教育においても、経営学部生は、経済学部が開講する「経済原論Ⅰ」・「経済原論Ⅱ」は必修科目に指定され、そのほか経済学部や法学部が開講するいくつかの科目群が選択必修科目として設定されるなど、経営学部を越えた他学部の授業科目の幅広い履修を経営学部生に一定程度課し、卒業に必要な要件としていた【[67]644頁】ことは、他大学には殆ど見られない特徴であって注目されてよい。

こうした学部の枠を越えた教育制度は、「経営学」が学問領域としての独自性を有すると同時に、部分的には応用科学的な側面をも有するものとして捉えられ、その理論的基礎の教育を施すにあたっては他学部との協力体制を敷くことが有益であると考えられていたことを示唆している。

(2) 教官の任用

では、こうして新しく経営学部の教官となった人材はどういったルートから採用されるに至ったのだろうか。図表4－2は1953年4月時点の経営学部教官が就任前にどのような経歴であったかについて整理したものである。

この図表をみると、経営学部に就任前の経歴は、神戸経済大学から9名、神戸経済大学附属経営学専門部から7名、神戸経済大学第二学部から1名が移り、新規採用11名であったことが読み取れる。経営学部設立の担い手として、神戸経済大学の教官のみならず、附属経営学専門部に所属していた教官が大きな役割を果たしたこと、

〔図表4－2〕　経営学部教官（1953年4月）の就任前の経歴

（単位：名）

前　職	教授	助教授	講師	助手	合計
神戸経済大学	6	2	1	0	9
神戸経済大学附属経営学専門部	4	2	1	0	7
神戸経済大学第二学部	1	0	0	0	1
新規採用	1	3	2	5	11
合　計	12	7	4	5	28

出所）【[73]345頁】

また外部の機関からの登用も、若手の助手を中心に多くなされたことが窺えるであろう。

このことは、新制神戸大学が開学するまでの間に、すでに神戸経済大学の経営学科と附属経営学専門部において経営学の研究教育が精力的になされてきた実績があり、そうしたことが全国初となる学部名称の認可へと繋がったことを示唆している。ことに附属経営学専門部への入学志願者は、定員200名のところに応募が1，801名（1946年）も殺到するほどの多数に上っており【[73]337－338頁】、当時の我が国における経営学分野における社会的需要の高まりを端的に示すデータとして注目に値する。

したがって、新制神戸大学において全国初の学部名称となる経営学部であったが、それが設立される基礎条件はそれまでの間に相当程度満たされており、学部名称として学内外に新鮮な響きを与えたとはいえ、さほど突拍子がないものとして受け取られたわけではなかった。

3　経営学部の発展過程

(1)　経営学の基本枠組みの構築

こうした初期の講座体制は、その後の時代の要請に応じて都度変化を遂げていくこととなった。た

平井夫妻と（後列左から）井上忠勝・市原季一・森 昭夫（1953年）＜出典：[14]＞

いってよい。

だ、図表4－1で見た初期の講座体制は、現在の教育研究の基盤となる体制をすでに具備していたと

図表4－3は、初期に創設された講座がそれ以降どのような変遷を遂げたかを示すため、1953年と1992年、2020年の各年度における講座名称を示したものである。なお、ここでの講座名称は、開講される授業科目の名称と必ずしも一致しないことに留意する必要がある。例えば、経営労務論講座で開講されていた授業科目名称は長らく経営労働論であった（第11章も参照）。

1992年は神戸大学経営学部で講座制がとられた最終年度であり、翌年度以降は、文部省の要請により大講座・学科目制が適用されることとなった。その後、2004年度に国立大学法人化がなされて以降は、公式的には講座制は大学設置基準から消滅することとなった。しかし、経営学部では各分野の教員人事や教育の継続性の観点から、学部内で講座を「ユニット」（編制単位の意）と呼び替え、講座制と同じ仕組みとして経営学部内で独自に継続運用している（エピローグも参照）。この表の4列目には、それぞれのユニットの名称が記されている。

この図表4－3によると、講座制がとられた最終盤であった1992年も、直近の2020年も、その基礎は1953年4月時点での講座の基本枠組みが基盤となり、その延長線上に講座やユニットが構成されていることが窺える。

まず、今日、経営学部で教育する3大領域として経営学・会計学・商学が存在しているが、その3つの領域から経営学部が構成されるという認識は1953年時点ですでにほぼ出来上がっていたとみてよい。日本経済が高度経済成長の真っただ中にあった1964年には、経営学第一など6つの講座

〔図表４－３〕 経営学部の講座名称の変遷とユニット

1953年４月時点の講座名	1992年４月時点の講座名	講座増設および名称変更の年	2020年４月時点のユニット名
—	(経営学基礎論)	1984年開設	人的ネットワーク
経営学第一	経営戦略*	1964年に経営学総論へ名称変更、1991年に経営戦略へ振替	経営戦略
経営学第二	経営労務論	1964年に経営労務論へ名称変更	人的資源管理
経営形態論	経営管理学	1973年に経営管理学へ名称変更	経営管理
—	公益企業経営	1963年開設	企業政府関係
経営財務論	経営財務論		コーポレート・ファイナンス
工業経営	工業経営		生産ネットワーク
経営統計	経営統計		経営統計
—	経営数学	1970年開設	決定分析
—	情報管理論	1986年開設	経営情報
—	—		経営史†
—	—		戦略マネジメント†
—	(会計学基礎論)	1984年開設	会計情報
簿記	簿記		簿記・会計史
会計学第一	会計学総論	1964年に会計学総論へ名称変更	財務会計
会計学第二	会計監査	1964年に会計監査へ名称変更	監査システム
原価計算	原価計算		コスト・マネジメント
—	管理会計論	1966年開設	管理会計システム
—	税務会計	1960年開設	税務会計
—	国際会計論	1975年開設	国際会計
—	—		社会環境会計†
—	(商学基礎論)	1978年開設、1993年に市場システム基礎論へ名称変更	市場経済分析
商学	マーケティング	1964年にマーケティングへ名称変更	マーケティング
—	流通システム	1978年開設	流通システム
—	市場管理論	1989年開設	マーケティング・マネジメント
—	企業環境*	1991年開設	—
—	—		顧客関係管理†
—	証券市場論	1957年に商学第二として開設、1964年に証券市場論へ名称変更	金融システム
—	証券論	1961年開設	証券市場
貿易論	貿易論		国際貿易
金融機関論	金融機関論		金融機関
交通論	交通論		交通論
海運論	国際交通論	1988年に国際交通論へ名称変更	物流システム
保険論	保険論		リスク・マネジメント

注）1992年４月時点での*は研究科の独立専攻講座、（　）は学科目を示す。2020年４月時点の†は講座制廃止後に新規開設されたユニットを示す。
出所）【[73] 347－348頁】および経営学部教授会議事録（1997年11月）等をもとに筆者作成。

が、より具体的な研究領域を示す講座名称へと一気に変更されている点も特筆に値する。

(2) 講座の拡充

経営学領域では、１９８０年代の情報技術の発達を受けて数理情報関係の講座が新たに開設されていることが図表４－３から読み取れる。会計学領域においても、１９６０年代以降随時新しい講座が開設されていき、１９６８年に会計学関連の諸講座は新たに会計学科として経営学科から独立した（会計学科という呼称の学科が設置されたのも日本初であった）。また、商学領域でも、学問領域的に経営学と近しいマーケティング論関連の講座が、管理論ないしマネジメント論として複数新たに開設され、拡充されていることが窺えるであろう。

加えて、１９７０年代後半から１９８０年代前半にかけ、経営学・会計学・商学の各学科において、それぞれの学科内部を束ねる基礎知識を学生に教育する観点から「基礎論」という学科目が相次いで開設され、必修科目とされていることも注目すべき動向である。

いずれにしても、今日における経営学部の研究教育体制の最も基本的な枠組みが、この１９５３年時点で概ね形成されていたということである。この講座体系は、その後全国で次々と新たに開設されていった各大学の経営学部のモデルとしての役割を果たすことになった【[73]345頁】。

4　経営学者の育成拠点

(1)　大学院経営学研究科の設置

１９４９年の学部開設から４年後となる１９５３年には、年次進行で大学院経営学研究科（修士課程・博士課程）が新たに設置され、経営学専攻と商学専攻の２専攻が置かれた。

大学院重点化を経て、いわゆる大学院大学となった１９９８年以降は、組織的には経営学部ではなく大学院経営学研究科が表向きの看板となり、全ての教員は大学院研究科の所属となったが[2]、１９５３年の大学院設立当初から数十年間は、学部の講座の上にそのまま大学院の各領域が乗った形で研究教育が進められていた。大学院での研究教育も講座制を基礎とし、その延長線上に展開されていたのである。

図表４－４は、当時、神戸大学大学院経営学研究科で教育を受けた大学院学生（１９５３年－１９５７年入学者）の就職先を調べた結果を示したものである。

この図表４－４を見ると、まず入学者数が年度によって大きくばらつきがあること、そして博士課程進学者の数が現在と比べて少ないことに気づかされる。入学定員は修士課程25名、博士課程12名で

2　さらに２０１６年10月以降には、全教員は全学的に新たに組織された「学域」に所属することとなった。

〔図表４－４〕 大学院修了者の就職先（1953－1957年）

（単位：名）

入学年次	入学者数（うち博士課程進学者数）	就職先				就職先大学の内訳
		民間企業	官公庁、高校等	大学	その他、不明等	
1953年	22(11)	4	5	10	3	関西大学(2)、神戸大学(6)、山口大学(1)、長崎大学(1)
1954年	13(4)	5	1	5	3	大阪経済大学(1)、神戸大学(1)、久留米大学(1)、大分大学(1)、長崎大学(1)
1955年	23(4)	5	3	9	6	大阪府立大学(1)、関西大学(1)、近畿大学(1)、香川大学(1)、神戸商科大学(1)、神戸大学(1)、関西学院大学(1)、西南学院大学(1)、大分大学(1)
1956年	14(5)	4	0	8	2	東京経済大学(1)、和歌山大学(1)、神戸大学(1)、神戸市立外国語大学(1)、岡山大学(1)、北九州大学(1)、大分大学(1)、長崎大学(1)
1957年	9(4)	5	0	4	0	データなし

注）就職先大学の内訳で「神戸大学」は経営学部と経済経営研究所を含む。
出所）神戸大学百年史編纂用の内部資料をもとに筆者作成。

あり、２０２０年現在の修士課程51名、博士課程32名と比べると半分以下の規模であった。なお、現在では、これらに加え専門職学位課程（いわゆるＭＢＡコース）の入学定員が別枠で69名設けられている。

開学当時は、日本社会全体が、現在のように大学院教育を重視する学術政策がとられていたわけではなく、またビジネスパーソンに対する経営学教育がなかったことも相俟って、社会的に大学院という制度の認知が低かったことには留意しなくてはならない。

また、今日では博士学位を授与され博士課程を修了してから就職するのが一般的であるが、当時は博士学位を授与される者は人文社会科学系の学問領域では皆無であり[3]、修士課程修了か、または博士課程に進学したとしても中途退学して就職していくという状況がごく当たり前の姿であった。

しかし、そうした今日とは大きく異なる情勢下においても、神戸大学大学院経営学研究科は全国における（とりわけ西日本地域における）大学教員の供給源としての役割を果たしていたことが，この図表4-4のデータから窺える。概して国公立大学への就職が多いが，私立大学も含め，経営学科が置かれ経営学を新たに体系的に教育し始めた大学に，神戸大学大学院経営学研究科の学生が就職している様子が窺えるであろう（第8章4も参照）。

これらの点からして，神戸大学大学院経営学研究科は，その設立当初から神戸経済大学研究科の機能を継承し，経営学・会計学・商学の研究者を養成する役割を担っていたものと評価できる。

(2) 柔軟でリベラルな学風

平井が我が国における経営学の導入を主導し，経営学講座から経営学科の設立へ至る過程を経て，神戸大学経営学部が全国初の学部として誕生したが，そこには一貫して，何でも受け入れる進取の気性，リベラルな精神風土が貫かれているといってよいだろう。

そもそも「経営」とは，自身の企図したことを思い通りにうまく進めることを基幹に据えた概念である。神戸大学経営学部は，まさにこの「経営」概念の実践さながらに，学問の開拓と発展のために都度柔軟に対応しつつ，自由と多様性を尊重するアカデミックな学風を形作ってきたのである。そうしたリベラリズムは，経営学部が時代の要請に応じて講座を次々と拡充していったことや，他学部の

3　当時の文科系の博士学位は，名を成し功を遂げた教授が，自らの学問の集大成として著書を提出し，取得するもの（いわゆる論文博士）という認識が一般的であった。

授業科目であっても経営学部生に履修を義務づけていた特色ある教育制度などに典型的に現れている。

神戸大学経営学部は、こうした柔軟な進取の気性とリベラリズムに裏打ちされ、1960年代以降、長期にわたって安定した地位を築いていくこととなる。とりわけ経営学領域において我が国の学界をリードしたのが、次の第5章でみる市原季一（経営学総論）、占部都美《うらべくによし》（1920－1986、経営管理学）、海道進《かいどうすすむ》（1923－2011、経営労務論）の三羽ガラスであった。

■学び舎の風景⑥　六甲台に聳《そび》える旧神戸商大施設

神大正門前バス停から正門をくぐり、石段を登ると、目の前には六甲台キャンパス（六甲台第一キャンパス）が広がっている。このキャンパスの中で、とくに印象的なのが、旧神戸商大施設である。1932年に神戸商大の本館として設立された六甲台本館、1933年に神戸商大の図書館として竣工された社会科学系図書館、1934年に神戸商大商業研究所として設立された兼松記念館、1935年に神戸商大の柔剣道場として竣工された艱貞堂《かんていどう》、同年に竣工された出光《いでみつ》佐三《さぞう》（1885－1981）記念六甲台講堂（設立当初は神戸商大講堂）からなる当該施設は、いずれもが、国の登録有形文化財として登録されている。

中でも、六甲台本館は、神戸大学のシンボルとなっている。当該建物は、ロマネスク様式を基調とした三階建てであり、外壁は、ベージュ色の美しいスクラッチタイルで覆われている。あまりに美しく、目立つ姿であったため、戦時中は外壁を黒塗りにしてその難（空襲）を逃れたという。

建物の内部に目を向けると、一階、正面玄関を入ってすぐの光景が印象的である。そこでは、市松模様のモザイクタイル張りの床と代理石で造られた中央階段が、昼間は、正面から差し込む日の光によって、夜間は、階段と廊下に設けられた照明の優しい光によって照らされ、全く異なる光景を見ることができる。この移り行く光景は、いつも違う発見があって面白く、何度見ても見飽きることがない。

そして、その東側には経営学研究科・経営学部、西側には経済学研究科・経済学部の事務室が並んでいる。さらに、東側を奥に進んで行くと、大講義室（102教室）がある。この教室は、室内全体が傾斜になっており、後方からでも前方が十分に見渡せる。そのため、受講の際の利便性は申し分ない。また、アーチ状の柱梁、それに支えられた高い天井、そしてその天井施されたステンドグラスの細工から、空間の広さと重厚感を感じることができる。まさに、この教室は、これまでに神戸大学で育まれてきた学問の広さと深さを連想させてくれる。

この大講義室には、一つの謎も残されている。上記のように、この教室は「102」とナンバリングされているのだが、1階全体を見ると、他に講義室として利用されている部屋は見当たらない。そのため、本来ならば、「101」教室になると思うのだが、何故かそうはなっていない。これを解く一つのカギは、「102」教室の近くにある機械室だ。印刷機等の備品が多く置かれた機械室は、もちろん、講義室として利用する目的にはない。しかしながら、印刷機を利用する時、目の前に広がっているのは、長い黒板だ。おそらく、機械室になる前は、何か講義を行うための部屋であったのだろう。そう考えると、現在、講義室として利用されていない部屋の中に、「101」教室があったが（「103」以降の教室もあったかもしれない）、何かしらの理由でその用途を変えた。そして、最終的に、ナンバリングが変更されずに残ったのが今の「102」教室であったと考えることができるのではないだろうか。

どうも、この他にも旧神戸商大施設には、謎が残されているというが、この点も歴史ある施設ならではの魅力である。

次に、2階に目を向けると、六甲台本館を語る上で欠かせない貴賓室がその中央に位置している。普段、その内部をあまり見ることはできないが、その様子は、例えば、２０１５年に劇場公開された「日本のいちばん長い日」、本編冒頭（約1分20秒）と中盤（約1時間36分～39分にかけて）の重要なシーンで確認できる。前者では、貴賓室正面の扉と部屋の一角が、後者では、神戸高等商業学校出身の画家、中山正實作の油絵や竣工当時より備え付けられている椅子を含めた部屋の内部全体が映し出されている。いずれのシーンにおいても、貴賓室から醸し出される独特の雰囲気とその緊張感を感じ取ることができる。この他にも、映画のみならずＣＭやドラマといった映像媒体で旧神戸商大施設を見ることができるが、これは、当該施設が多くの人を惹きつける魅力を持っていることの証左だろう。

ここで触れることができたのは、旧神戸商大施設のほんの一部分に過ぎない。当該施設が現在の形とその魅力を残すまでには、学問を通じた絶え間のない交流、そして語ることのできないほど多くの努力が積み重ねられてきたはずだ。その先人たちの努力に思いを馳せながら、六甲台キャンパスを一周。六甲台本館を目の前にした時、改めて、ここで経営学を学べたことに感謝するとともに、自然と何十年、何百年先のその光景を思い浮かべていた。

経営学部側からみた六甲台本館<編著者撮影>

六甲台本館の正面玄関入り口付近<編著者撮影>

六甲台本館の貴賓室<編著者撮影>

六甲台本館の102教室<編著者撮影>

六甲台本館（東側）
イラスト／松村琭郎

第5章

神戸大学経営学部の確立期

懇親の席での（左から）海道・市原・占部の経営学部三羽ガラス。
右端は経済経営研究所の米花<出典：[14]>

1　経営学ブームの到来と神戸大学経営学部の第2世代

日本経済が高度成長期を迎えて、企業の規模拡大、競争の激化が進展する中で、経営学という学問領域も次第に社会的な知名度を高めていった。特に1958年には、ベストセラーとなった坂本藤良《さかもとふじよし》『経営学入門』【〔87〕】、山城章《やましろあきら》『経営』【〔139〕】などが出版され、いわゆる「経営学ブーム」が起こり1960年代後半まで続いた。ドラッカー（P.F. Drucker）、クーンツ＝オドンネル（H.D. Koontz and C.J. O'Donnell）、チャンドラー（A.D. Chandler, Jr.）、バーナード（C.I. Barnard）、サイモン（H.A. Simon）などの海外の主要著作の翻訳【〔148〕・〔149〕・〔150〕・〔153〕・〔159〕】もこの時期に多く出版された。

一方、この時期、神戸大学経営学部では世代交代が進んだ。平井泰太郎、古林喜樂らの第1世代を継いだのが、市原季一、占部都美、海道　進、森　昭夫、稲葉　襄、松田《まつだ》（安達《あだち》）和久《かずひさ》（1924－1995）らの第2世代である。その多くは、経営学部の完成に向けて1951－1953年に採用された。なかでも、市原（ドイツ経営学）、占部（アメリカ経営学）、海道（批判的経営学・社会主義経営学）は、研究基盤は全く異なるが、海外の先進的研究を踏まえつつも、単なる輸入学問に終わらず、それぞれが独自の経営学の体系化を志向し、それぞれの学派ないしパラダイムのリーダーとなった。彼らは、三羽ガラスとも呼ばれた経営学部の看板的存在であった。

この時代の神戸大学の経営学部は、まぎれもなく日本の経営学の最先端研究拠点であった。ただし、基本的にアカデミック志向が強く、ベストセラーになった『危ない会社』【19】など実務家向けの書籍も多く出した占部以外は、世間の「経営学ブーム」とは一定の距離を保っていたようである。その占部もビジネス界ばかり向いていたわけではなく、後述するように、アカデミックな面でも、当時最先端のサイモンやマーチ（J.G. March）らの近代管理論と制度論的経営学との理論的統合を図るなど第一人者であった。

本章では、この時代の象徴的存在といえる、市原、占部、海道という3人の教授に注目することで、当時の神戸大学経営学部の雰囲気を伝えようと思う[1]。

2　市原季一とドイツ経営学

市原季一は、1952年に神戸大学経営学部経営学第一講座の助教授となり、1961年に平井泰太郎を継いで教授となった。『ドイツ経営学』【〔8〕】、『ドイツ経営政策』【〔9〕】、『西独経営経済学』【〔10〕】などの著書を著したドイツ経営学の泰斗で「神戸シューレ」（神戸学派）の中心人物であった。授業では、経営学総論を担当し、1964年度から講座名も経営学総論となった。神戸大学経営学部および日本経営学会において強力な求心力をもった存在であり、第2世代の中心人物であったが、極めて残念なことに神戸大学在職中に急逝された。

1　〔謝辞〕この章の執筆に際し、宗像正幸先生、奥林康司先生、加護野忠男先生、海道ノブチカ先生に取材をさせていただいた。コロナ禍のもと、長時間のインタビューにご協力いただいたことに深く感謝いたします。

市原を直に知る人は、その人柄は温和であったが、存在感があったという。また、繊細で美意識の高い人であったという。市原の実家は京都の老舗呉服問屋であり、それもあって雅《みやび》な一面があったのかもしれない。また、出身校である彦根高商において、近江商人の三方よしの精神に触れたことが、周りに気を配る人格形成に関わったかもしれない。いずれにしても、市原の寛容で度量の広い性格が、より激しい性格の持ち主であった占部や海道をもうまくまとめて、神戸大学経営学部の確立の原動力となったといえそうだ。

学問においても、こうした市原の性格とも共鳴したのであろうか、共同体的志向を基盤に持つドイツの規範論的経営経済学者ニックリッシュを特に重視した。「ニックリッシュありせば」と口癖のように語り、ニックリッシュを考察の物差しに用いていたという。しかし市原は、ニックリッシュだけを研究していたのではなく、著書に示されているとおりドイツ経営学の代表的論者の殆ど全ての文献に通じていた。また、バーナードなどアメリカ経営学にも相当に詳しかったともいわれる。ただし、膨大な文献は徹底的に吟味され、経営者にとって真のエッセンスとなるところだけが取り上げられた。ここには、一流のみを好んだとされる市原の美意識が強く働いていたといえよう。

こうした研究スタイルを支えたのが、市原の優れた情報収集能力と国際的な人脈であった。市原の大学院のゼミでは丸善の新刊案内に出る前の洋書が、教材として使われたという。また、市原はハックス（K. Hax）やグーテンベルグなど著名なドイツ人経営学者とも懇意であり、彼らを日本に招き、神戸大学や日本経営学会関西部会での講演を催した。ただ、文献を極めて愛した人だけに、自宅の火事で多くの蔵書を失ったときは、傍目にも市原の気落ちした姿が痛々しかったという。それが命を縮めた一因になったともささやかれた。

市原の研究者教育は実践的であった。大学院ゼミの発表で、途中ストップをかけられ説明を求められる。説明すると「そのように書きなさい」と指導される。ストーリー展開を重視される。同じような学説を並べるのではなく対立学説を挙げなさいと。また、周知のことを述べても仕方ないと指導されて、自説を述べると、誰がそんなことを言っているのかと叱られる。典拠を示しつつムダの無い議論を展開することが求められた。このその一方で、市原は自動車で通勤し、祇園や夜の

愛車を駆る市原＜出典：[14]＞

うに市原の研究教育への姿勢はストイックだった。三宮でも顔が利くという粋な一面も持っていた。

3　占部都美と近代経営学

占部都美は、市原や海道など多くの同僚とは異なり東京商科大学の出身で、１９５２年に神戸大学経営学部経営学第二講座の助教授となり、翌年には経営形態論講座へ移り、１９６３年に教授となった。アメリカ経営学、近代管理論の第一人者で、講座名は１９７３年には経営管理学に改められた。『経

営学の方法』【17】や『経営形態論』【18】、『近代管理学の展開』【20】、『事業部制と利益管理』【22】など多数の著書がある。その中には『危ない会社』や、アベグレン（J.C. Abegglen）『日本の経営』の監訳【146】もあり「経営学ブーム」にも一役買った。担当科目は経営形態論、経営管理論であり、市原の没後には経営学総論も担当した。

占部は、アメリカ経営学を日本における経営学の主流にした立役者の一人である。1983年に定年退官を迎えた。

さらに、第3世代のリーダー的存在となった吉原英樹《よしはらひでき》（1941－）や加護野忠男《かごのただお》（1947－）、坂下昭宣《さかしたあきのぶ》（1946－）をはじめ多くの研究者を育成した。また、組織学会の設立にも貢献した。占部が手がけた領域は、経営形態論、経営管理論、組織行動論、企業戦略論、経営情報システム論、日本的経営論など、経営学の主要領域殆どすべてをカバーしており、アメリカ経営学をベースとした経営学総論を体現した存在であったといえる。1980年に編著で出版した『経営学辞典』【23】では、多くの項目を自分自身で著し、自らの経営学体系を示した。また、同年から翌年に出版した『経営学原理』【24】、『経営形態論』【25】、『近代管理論』【26】からなる著作選集は、「占部経営学」の中核だといえる。

占部は、人々は、環境を主体的な意思決定を通じて変えたり革新したりコントロールしたりできるという積極的人生観にたち、コモンズの「意志性の原理」（制度的環境は人間行為を規定するが、人間の主体的意志は制度的環境に管理統制を加えられる）を媒介に、経営形態論などの制度論的経営学と組織論ベースの近代管理理論との統合を図った。制度的に制約されつつも主体性を発揮する人々や組織の学としての経営学の存在意義を世間に示したのである。

さて、占部の性格について聞くと、多くの人が口をそろえて怒りっぽい先生だったという。例えば、

着任まもない頃の占部<出典：[143]>

ゼミ中にまともに質問に答えられない大学院生や、授業中に途中退室する学生に対して激怒したことが語りつがれている。さらに、占部が大学院ゼミに大幅遅刻したとき、占部は自分が謝るのではなく、自分たちでゼミを進めずにただ待っていたゼミ生の方を怒鳴りつけたという。他方で、授業で占部の学説とは異なる立場からの質問をしても丁寧に答えてくれたとか、ゼミでは自由な議論の雰囲気があったとか、学問の議論ではいつも純粋、率直、真摯で気持ちよかったという証言もある。占部の怒りっぽさは、その素直さの裏返しであったのかもしれない。

占部はテニスを好み、退官時でも1日に11セットもこなすスタミナを見せていたという。それにもかかわらず、それからまもなく急逝されたことは、誠に残念なことである。

4　海道　進と批判的経営学・社会主義経営学

海道　進は、1953年に神戸大学経営学部経営学第二講座の助教授となり、1964年に古林喜樂を継いで教授となった。同年講座名は、経営労務論講座に改められた。『経営労働論（全2巻）』【[38]・

〔39〕】、『社会主義企業概論（全3巻）』【〔40〕・〔41〕・〔42〕】などの著書があり、マルクス経済学を基盤とする批判的経営学と社会主義経営学の権威であった。担当科目は講座名とは異なり、経営労働論であった。海道は、1980－1982年に学部長を務め、1986年に定年退官した。

経営労働論とは、海道の前任であった古林が提唱したもので、労務問題を管理の視点ではなくアカデミックな視点から扱う学問として名づけられた。神戸商業（神戸経済）大学での恩師である古林を敬愛していた海道は、その立場を引き継いだのである。また、和歌山高商での恩師である北川宗蔵《きたがわそうぞう》（1904－1953）からは、哲学－経済学－経営学の三層構造と、資本家的経営学→批判的経営学→社会主義経営学という図式を引き継いだ。海道は、その批判的経営学から社会主義経営学への展開を進めようとした。

海道の研究スタイルは、哲学、価値論から経営学への展開である。つまり、実証研究とは逆方向であり、経験的データよりも哲学的考察、価値論的考察が先行するものであった。したがって、研究とは文献を読み、深く理解することであった。海道は、若い研究者によくこういったという。「1日10時間の勉強をしなさい。3ヶ月に1本の論文を書きなさい。そうすれば3年間に1冊、退官までに10冊の本を出すことができます。それが研究者としてのノルマです」と。筆者は、実際1990年代半ばに、日本経営学会関西部会で海道に挨拶をさせていただいたときに、「1日9時間の勉強をしていますか」と尋ねられた。ノルマが昔より1時間減ったのは、すでに実証的な研究が多くなっていたことと関係するのであろうか。

しかし、海道は決して院生に自分の学問的パラダイムを強いることはしなかった。例えば、海道ゼミ生であった奥林《おくばやし》康司《こうじ》（1944－）は、学部ゼミではテイラーを学ぶことから始まり、大学院でもアメリカの人事管理について引き続き研究したとのことである。ただ、加護野が学生時代、ドイツ語の文献が教材となっていた海道の授業に行ってみると、「社会主義経営学を学ぶのだからロシア語文献にしましょう」と言う。加護野が「先生、ロシア語は知りません」と言うと、「一日4時間勉強したら半年でロシア語はできるようになります」と言われたという。奥林も、とにかく2週間でロシア語文法の基本を学び、あとは辞書を引きながら授業に何とかついていったと語る。

海道を知る人は、彼は紳士であったと言う。しかし、また頑固であったとも言う。海道は、時勢に流されず、筋を通す人であった。理論的に潔癖で、曖昧なことが嫌いであった。また、神戸大学経営学部が担う社会的職責を重要視し、関係者においてその歴史の共有のために、在任中に「神戸大学経営学部年表」をまとめた。海道は、日本舞踊の名取《なとり》であり、若い頃はスキーや馬術もたしなんだという。いずれにおいても要所、要所で背筋をまっすぐ伸ばすことが大事だと思われ、海道の性格が反映しているのかもしれない。

日本舞踊を舞う海道。名取として芸名をもつ腕前であった＜海道ノブチカ氏提供＞

5　第3世代へ　―実証研究をもとにした経営学への移行―

　ここまで、神戸大学経営学部の第2世代を代表する3人の教授の研究や教育、人柄について紹介した。当時の経営学は、ドイツ経営学からアメリカ経営学へと主流が移行しつつあり、その一方で批判的経営学が日本独自の展開を見せていて、これらのパラダイムが並立していた時代であった。神戸大学経営学部には、それぞれのパラダイムの代表的研究者が並び立っていたのだが、互いに認め合い良好な関係を保ち、神戸大学経営学部と日本の経営学の隆盛に向けて、強い使命感を共有していた。市原、占部、海道が学会後に3人で飲む姿がよく語られる。

　もちろん、第2世代の貢献というのは、決して彼らに限られるものではない。森や松田ら経営学科の他の教授、商学科の荒川祐吉《あらかわゆうきち》（1923－2018）や会計学科の谷端長《たにはたひさし》（1920－2001）、高田正淳《たかだまさあつ》（1931－2019）ら他学科の教授も、それぞれの研究領域において件の3人と同様に日本の学界をリードする役割を果たしていた。それぞれの研究領域で日本の学界をリードすることが使命感として共有され、また当然視されていた。

　国内の動向に目を転じると、この時代に、経営学は著しい隆盛を見せた。1959年の京都大学経済学部での経営学科設置から1975年の一橋大学商学部での経営学科設置まで、国立大学で経営学科の設置が続き、公私立大学でも同様の動きがみられた。日本経営学会の会員数も1977年には1677人に達した。1959年には組織学会が、1970年には日本労務学会が設立されるなど、専門学会の設立も進んだ。神戸大学経営学部の学生数も増え、1960年の入学定員が、学部210名、大学院37名であったものが、1979年には学部310名、大学院76名となった。

1979年に市原が死去、1983年に占部が退官、1986年に海道が退官し、第2世代から第3世代への交代が進んだ。経営学総論は加護野忠男、経営管理学は金井《かない》壽《とし》宏《ひろ》（1954－）、経営労務論は奥林康司に引き継がれた。この間、経営学部の講座数も増加した（図表5－1）。第2世代の経営学では、異なるパラダイムの経営学が並存していたが、いずれも文献研究が中心で実証研究は少なかった。第3世代になると、世界的な動向でもあったがアメリカ経営学が主流となり、現実の企業から量的・質的なデータを集めて分析するタイプの実証研究が行われるようになった。こうした動きを先導したのは、第3世代の中でも年長の、流通システム講座の田村《たむら》正紀《まさのり》（1940－）と経済経営研究所の吉原英樹であった。2人とも文献研究中心の従来の研究スタイルに異を唱え、田村は統計を使った定量研究を、吉原は事例研究を用いた実証研究を実践し、後

〔図表5－1〕　神戸大学経営学部経営学科の講座の変遷
（1960年と1986年の比較）

1960年				1986年			
講座名	教　授	助教授	講　師	講座名	教　授	助教授	講　師
経営学第一		市原　季一		経営学総論		加護野忠男	
経営学第二	古林　喜樂	海道　進		経営労務論		奥林　康司	
経営形態論	竹中　龍雄	占部　都美		経営管理学			金井　壽宏
経営財務論	丹波康太郎	森　昭夫		経営財務論	森　昭夫	榊原　茂樹	
工業経営	稲葉　襄			工業経営		宗像　正幸	
				公益企業経営	佐々木　弘		
経営統計		安達　和久		経営統計	松田　和久		久本　久男
				経営数学	伊賀　隆		末廣　英生

出所）「神戸大学経営学部　講座編成表（1949年～2001年）」を参照して筆者作成。

輩研究者に大きな影響を与えた。また、一橋大学の野中郁次郎《のなかいくじろう》（１９３５－）、伊丹敬之《いたみひろゆき》（１９４５－）ら同世代の他学の研究者との共鳴が、実証研究への潮流を確たるものにした。他方で、学問的なパラダイムの違いは、この動きに合わせて、以前よりも目立たぬものになっていった。

経営学教育の流れにおいても、アメリカのビジネス・スクールの様式が見本となっていった。その傾向は日本に限らずドイツやイギリス、フランスなど各国で見られた。もちろん、多くの場合は、それぞれの国の諸制度や考え方に合わせた導入が進んだ。神戸大学もその例にもれず、第３世代の主導のもとで、１９９０年代以降、神戸大学のＰｈ.Ｄ.コースやＭＢＡコースという大学院教育の整備が進んでいった。次章以降ではその経緯を扱う。

■学び舎の風景⑦

学生運動の激化と六甲台キャンパスの封鎖

神戸大学における学生運動のピークが1968年12月に勃発した神戸大学紛争である。これは、同年1月から始まった東大闘争から全国に広がった学園紛争という時代の波に乗って起こったものである。神戸大学の場合、きっかけは寮費などに関する問題での住吉寮生と大学との衝突であったが、まもなく評議会や教授会の解体などの要求を掲げた全学の学生運動となり、神戸大学の学生や一部の教職員のみならず外部の学生や活動家が加わり、ストライキ（授業放棄）や学舎封鎖（学生による占拠）、さらには破壊行為や暴力行為、内ゲバ（暴力的な党派抗争）を伴う紛争に拡大した。1969年3月10日には六甲台本館も封鎖された。そして、3月の卒業式も4月の入学式も中止され、授業もできない事態になった。

経営学部の当時の学生の間では心情的なシンパ（共鳴者）は多かったが、実際に運動に参加する者は少数で、多くの参加者は他学部や他学の学生であったとのことである。1968年度後期の期末試験がレポートに代わったことを喜んだ学生はいたようである。また、こうした状況下でも、経営学部では学外での自主的な教育が実施された。ゼミが教員の自宅で行われたり、授業が予備校の校舎やお寺を借りて実施されたりもしたという。

紛争が激化する中、大学のトップとして、この事態の対応に当たったのが、経営学部教授の戸田義郎であった。発端当時、経営学部長であった戸田は、1969年1月に、前任の学長が病気を理由に辞任したのを受けて学長事務取扱（学長代行）に就任した。戸田は、暴力の排除、学外勢力の排除を基本姿勢として、毅然とした対応を行った。戸田は、「大学の運営に関する臨時措置法案」が国会で審議入りし、大学自治が脅かされることに危機感を抱き、紛争の自主的解決を実現することを目指して全神大人結集集会（全学集会）の開催を行った。

全学集会は、一部教職員や学生の猛烈な反対の中、１９６９年7月12日に神戸市須磨区の高倉台団地建設予定地で開催され、約５，０００名の学生と教職員が集まった。戸田は、封鎖解除と大学の機能回復を訴えたが、ヤジや砂が浴びせられ、演壇が揺さぶられ、マイクのコードが切断されるという状況であった。戸田は予備のマイクで演説を続けようとしたが、学生の反対やヘリコプターの騒音で、継続不可能となり、結局集会は10分で打ち切りとなったという。

しかし、全学集会を節目に、紛争は沈静化に向かった。経営学部の学生の中にも正常化に向けた「有志連合」などの動きが生まれた。７月22日には、全学に先駆けて経営学部および経済学部の学生大会でストライキの解除が決まった。そして、８月８日に機動隊が見守る中、教職員の手によって神戸大学全学の封鎖が解除された。８月18日から、経営学部と経済学部は授業を再開した。28日には経営学部の新入生オリエンテーションが開かれ、９月１日から１回生の前期の授業が開始された。このように紛争解決において経営学部は先導的な役割を果たした。

紛争が大学にもたらしたものには負の要素ばかりが目立った。大学の体制は殆ど何も変わらなかった。その一方で、学生に暴力を受けてケガをした教員がいた。研究室をめちゃめちゃに荒らされ、貴重な図書や備品を盗まれた教員もいた。また、何よりもこれを境に学生と教員との間に微妙な不信感がもたらされた。紛争後、教授への敬意は低下し、学生は大学の授業に以前ほど向き合わなくなっていったし、教員は教育に以前ほど熱心でなくなっていったように思うと、複数の当時の教員が語っている。

学生たちによって封鎖された神戸大学正門
＜神戸大学経営学部提供＞

■学び舎の風景⑧　若手会

「教員になったことだし、まずは若手会に入りなさい」。宮下《みやした》國生《くにお》（1943－、当時助教授）から声をかけられたのは1979年4月のことだった。3月に博士課程前期課程を修了し、すぐに経営学部助手として採用されたばかりの筆者は、正直、「若手会」がどんなものかも知らずに「はい」と、学会の先輩でもある隣接講座（当時、経営学部は講座制をとっており、宮下は海運論講座、筆者は交通論講座）の先生に返事をした。

残念ながら、若手会がいつ頃発足したのか、正確なことは承知していない。しかし田村正紀（教授）が呼びかけてできたと聞いた記憶があるので、1960年代末のことではないだろうか。資格要件は、ゼミ（学部の研究指導）をもっていない、助教授以下の教員で、実は適格者全員がメンバーだった。年に何度か開かれる懇親会の場で、同じ経営学部とはいえ専門のまったく違う先生方から、それぞれの研究のことはもちろん、いろいろと伺うことが、大いに勉強になったことはいうまでもない。自らの研究のヒントを会話から得たこともあった。さらに、おいしい料理やお酒を飲みながら、内規化されていない学部の運営ルール（慣行）や大学組織の構造の解説に始まり、学部や大学を取り巻く状況、社会・経済・企業の動向、おいしいお店・料理法、お酒の飲み方、はてはカラオケ歌唱法まで、多種多様な話題が途切れることなく飛び交い、毎回あっという間に時が過ぎ、そのまま2次会に流れ込むことも多かった。

当時の経営学部は現在よりも小さな組織で、例えば1980年度講義要綱によるとその陣容は、経営学関係が8講座11名、会計学関係が7講座9名、商学関係が9講座14名で、総勢34名だった（資料室（現研究助成室）スタッフを除く）。しかもそのうち4名は助手で、実際には講義を行わない教員である。そして先ほどの要件を満たす「若手教員」は全部で14名、したがって全体の3分の1以上を占める大所帯だった。講座制が内包するといわれているマイナス面が表面化することを、この横断的組織が未然に防いでいたといったら、少し書き過ぎになってしまうかもしれないが、いろいろな意味でありがたい組織であったことは事実である。

当時は今日のように、博士の学位をとって後期課程修了で就職するのではなく、修士号取得直後ないし博士課程後期課程途中で教員に採用されることが普通だった。そして神戸大学経営学部では、まず助手として２－３年勤めた後、内部審査を経て講師となってはじめて講義を持つことになっていた（博士課程後期課程の在学年数により変化し、2年を下回るケースも存在した。助手の任期中に他大学へ転出したケースも存在するし、他大学での経験を経て、再び神戸大教員になった方もいる）。さらに助手の間は教授会にも出席しなくてもよいことになっていた。これは助手が教授会の構成員でないからではなく、構成員ではあるが、出席するよりもその間研究していなさいといった配慮からの措置だった。唯一の例外は学部長候補者選考の時で、教授会構成員である助手にも選挙権があるので、それは行使しなさいと事前に連絡があり、その議題だけ参加してあとは退出してよいことになっていた。助手が教授会に出席しなくてもよいということは、申し合せ等で文書化されてはいない慣行だったが、実は若手会から当時の執行部に申し入れて、その実現に至ったものとうかがったことがある。

講師として３－４年務めた後、審査を経て助教授に昇任することになるが、ゼミを持つことになるのは、さらにそれから数年経てからというルールが当時からあった。また助手の間には、今風の言葉でいえばメンター（多くの場合は当該講座の教授が就いたが、教授がいない場合などは隣接講座教授が務めた）が就き、研究面を中心に指導する体制も取られていた。

また、六甲台後援会海外派遣費や以前は存在していた文部省による在外研究制度により、若手教員を海外に長期派遣（10ヶ月以上）することも学部創設の早い時期から継続的に行われていた（もちろん現在も）。今のように学位を取ってから教員になるわけでなかったこともあって、当時は毎年、若手会メンバーの誰かが出発し、帰国する状況だった。そしてその土産話に大いに刺激を受けた。筆者自身も１９８３年9月から約1年、文部省の制度を利用して英国ユニバーシティ・カレッジ・ロンドンの交通研究所に滞在したが、そこでの仲間から、こんな早い段階でサバティカルがとれるとはいい組織だな、と言われた。確かに当時は英国の大学にきている日本人研究者は多くなく、いらしても教授クラスの方が殆どだったが、筆者は就職してまだ5年目、20代だった。この段階で学部・大学院での講義や諸委員の負担が免除され、海外で研究活動を長期にわたって行える仕組みがあったことが、経営学部スタッフの研究力向上に大いなる力となったことはいうまでもない。

近年、若手研究者の育成を推進するための取組を実施する重要性が指摘され、研究時間を確保できる環境の構築や研究に専念できる若手研究者を増やすことが議論されているが、このように神戸大学経営学部では、以前からその仕組みが整備され、維持されてきたといえよう。

現在も続く若手会の懇親会場での一こま<編著者提供>

兼松記念館
イラスト／松村琭郎

第6章

社会人大学院の設立と展開

六甲台本館206教室で開催されたMBAシンポジウム。演壇左は加護野
<神戸大学経営学部提供>

1　社会人大学院設立の契機

神戸大学ＭＢＡプログラム（専門職大学院）（以下、社会人大学院）はその設立以来、神戸大学経営学部独自のＭＢＡプログラムを確立しようと革新し続けてきた。今では「働きながら学ぶ」（By the Job Learning）、「プロジェクト方式」（Project Research Method）、「研究に基礎をおく教育」（Research-Based Education）という3つのコンセプトから成る独自の教育方法を開発し、国内有数のビジネススクールに成長した。２０１９年4月には設立30周年を記念するシンポジウムが大阪梅田のハービスＨＡＬＬにて開催された。当日は神戸大学特命教授の加護野忠男とミスミグループ本社シニアチェアマンの三枝匡《さえぐさただし》が基調講演を行い、その後に社会人大学院ＯＢの藤本《ふじもと》利夫《としお》（武田薬品）、深田《ふかた》昌《まさ》則《のり》（パナソニック）、本間《ほんま》浩輔《こうすけ》（ヤフー）が加わり、「神戸大学ＭＢＡ修了者の企業変革への取り組み」をテーマに活発な討議が繰り広げられた【[61]】。このシンポジウムは、社会人大学院設立と展開に奮闘した当時の神戸大学経営学部の教員の先見性とチャレンジ精神が如何に卓越したものであったか、そして神戸大学経営学部の歴史の中でそれが如何に大きなイノベーションであったか、改めて認識する機会となった。

社会人大学院の設立は、神戸大学経営学部が１９８９年に社会人向けの経営教育プログラムを実験的に開始したことに遡る。その設立動機は経営学部の基本理念である「オープン・アカデミズム」を具現化することであった。オープンとは経営学の研究対象である産業社会の現実問題を遅滞なく研究・教育対象として取り上げるとともに，その成果を社会に発信して批判を受けるということである。アカデミズムとはこのような教育・研究大学の主体性・自律性において行うということである【［69］1－2頁】。商学科主任だった田村正紀は「日本独自の新しいコンセプトの社会人大学院をつくろう」と教員に呼びかけ，それに谷《たに》 武幸《たけゆき》（1944－）や加護野ら一部の教授が呼応した。当時の日本企業のなかには優秀な若手をアメリカのMBAに送り込むところも少なからずあった。しかし「ビジネスの専門職化」を目指すアメリカのMBAは現場経験を重視する日本企業のニーズと合っているだろうか。日本企業の人材育成の仕方との接合を考慮すれば，それはアメリカのMBAを単純に模倣したものではないだろう。もし日本でアメリカのMBAに代わる効果的なプログラムが開発できれば，それは世界のモデルになるかもしれない，と田村らは考えたのである。

こうした構想の背景には経営学部が対応しなければならない2つの事情があった【［94］196－198頁】。1つ目は，当時本社を東京に移す在阪企業が続出し，大阪や神戸のビジネスセクターとしてのプレゼンスが低下したことである。本社が東京に移ってしまえば関西に立地する大学は企業の中枢とコンタクトしにくくなる。地の利のハンディを克服し産学連携を進めるにはどうしたらよいか。

2つ目は，いわゆる「骨はドイツ，肉はアメリカ」（プロローグ参照）が長く続いた日本の経営学のアカデミズムの変化である。ドイツ経営学は，企業活動における価値を具体的に捕捉せんとし，経済学として発展を遂げてきた。しかしその学説をフォローする類の研究は次第に減り，アメリカ経営学に影響を受けた実証型研究が主流となった（第5章5参照）。実証型研究を進めるには調査に協力してくれる企業とのネットワークが不可欠である。産業基盤の東京シフトとアカデミズムの実証型研究シフトが起きるなか、一橋大学に並び称される西の雄として神戸大学経営学部はいかにしてその価値を維持していけばよいか。それには社会人大学院が1つの戦略的取り組みになるのではないか。教員が共有する危機感と社会人大学院設立構想がシンクロした。

2　開設準備

ただし教員全員が諸手を挙げて賛成したわけではない。教授会では賛成派と反対派の議論があった。反対派を構成したのはドイツ経営学をデシプリンとする教授たちだった。その主張は「経営学部はドイツ経営学をモデルとしてつくられたのだから、アメリカで始まったビジネススクールは神戸の学問体系に馴染まない」というものであった。賛成・反対の膠着状態が続くなか学部長の天野《あまの》明弘《あきひろ》（1934－2010）が采配を振る。「社会人大学院のメリットを主張する人がいる以上、やりたくない人には負担をかけないことを条件にやらせてみてはどうか」と。

しかし教授会の裁定を経たからといって直ちにプログラムができるわけではない。なかでも「学生をどうやって確保するか」は、はじめに解決しなければならない難題であった。このことは就学方式の選択にも関わる。当初のアイデアは昼間の開講科目を社会人にも開放しようというものだった。しかし加護野は仕事を休んで就学する昼間開講方式は、本人や会社の負担が大きいのではないかと感じた。懸念は日頃付き合いのあったサントリーや住友銀行の人事責任者との意見交換を通じて確信に変わる。もしフルタイム方式を採用すれば、応募してくる者は、仕事を免除され学費も会社持ちの企業派遣か、キャリアチェンジを意図して会社を辞め就学に専念する個人に限定される。前者はすでに20代の若手が選抜されアメリカのMBAに派遣されている。一方、後者もキャリア上のリスクが大きく若い独身者に限られるだろう。神戸大学の社会人大学院には「配偶者も子供もいる、今のキャリアを捨てられない、会社の仕事を急に抜けるわけにはいかない」30代を派遣してもらうのがよい。あるいは個人の裁量で来てもらうのが現実的である。こうした議論を経て、「働きながら学ぶ」夜間開講が採用されることになった【[46]6－7頁】。

3　見切り発車の実験的プログラム

1989年4月、神戸大学において国立大学としては日本初の社会人を対象とする大学院レベルの経営教育がスタートした。つまり経営学部は大学院設置基準第14条特例を適用して昼夜開講制のもとで、17名の社会人を企業に所属したまま博士課程（前期課程）に受け入れた。研究指導演習（ゼミ）は加護野が担当し全体を統括した。修業年限は2年間で、初年度は社会人学生向けの夜間に開講される講義及びゼミを履修する。講義科目は基礎的な理論並びに分析手法・方法論の研究、実践的なケーススタディ、外国文献研究（英語）の3種類で構成され、財務管理、計量的方法、管理会計、マーケティング、行動科学、年次報告書分析、金融・証券・保険、外国語文献研究の計8科目が提供された。また学生は関心と時間的余裕があれば一般院生向けの昼間開講科目を履修することもできた。第1年次のゼミでは複数の研究プロジェクトが編成され学生が主体的に取り組む共同研究も行われた。第2年次は共同研究を経て修士論文の作成に取り組む。所定の単位を修得し，修士論文の審査及び最終試験に合格した者には経営学修士または商学修士の学位が与えられる。

外形的な体裁は整った。しかし，その中身は「見切り発車」の実験的プログラムであった【[94]195頁】。また多くの大学は，新しいプログラムを始めるとき文部省（現文部科学省）にその必要性を訴え予算措置を図る。しかし経営学部は事前の構想を精緻化するよりも走りながら考えることが肝要と考え予算申請をしなかった【[60]】。資金面の不足は教員が大阪や神戸の企業を訪ね歩き，8，300万円を超える奨学寄付金を集めることで乗り切った[1]。

4　日本型経営教育システム構想委員会

実務家の中には，大学は「象牙の塔」であり，そこでの教育は実際の職務遂行能力の向上には役に立たないと考える者も少なくない。こうした思い込みを払拭するには，大学院の経営教育の実情と進捗状況を経営者や人事責任者につぶさに報告し，企業の人材育成の意図と乖離しないプログラムを開発していかなければならない。そのためには企業との情報交換が欠かせない。そう考えた天野は，社会人大学院の開始と同時に「日本型経営教育システム構想委員会」を立ち上げた。委員長には天野が就き，田村，谷，加護野に加えて宮下國生と金井壽宏が委員に任命された。学外メンバーとしては日本の代表的企業16社（伊藤忠商事，大阪ガス，久保田鉄工，神戸製鋼所，サントリー，塩野義製薬，住友銀行，住友電気工業，ダイエー，トヨタ自動車，日本生命保険，日本電信電話，野村證券，阪急電鉄，松下電器産業、ワコール）の人事・教育部の責任者が参加した。

学内外の委員が一堂に会する意見交換の場として「日本型経営教育システム構想懇談会」が定期的に開催された[2]。委員会は日本の上場企業に質問票調査も行った。懇談会での議論や調査結果は研究報告書に結実し、1990年3月「日本型経営教育システム構想委員会研究報告書」が公表された。同時に田村と谷は日本経済新聞の「経済教室」に寄稿し、神戸方式の社会人大学院のコンセプトを広く社会に発信した【[95]】。

学外委員との活発な議論を通して社会人大学院のターゲットが次第に明確になっていった。その人材像は以下のごとくである。彼らは大学を卒業して直ちに企業に入り、10年程度の実務経験を持つ。年齢は30代前半で2つないし3つの職場を経験し管理職になる一歩手前だ。企業側もその社員のポテンシャルや人となりをよく知っている。彼らは、将来、所属組織の幹部になるという希望を持ち、会社からもそう期待されている。特定の職務の専門知識をかなり持つが経験の幅は広くなく、自身も視野を広げたいという希望を持っている。同時に彼らはそれぞれの職場において強い問題意識を持ち、学術のフォーマルな知見を応用してそれを解決したいと考えている。つまり彼らが大学院に求めているのは実務的な知識ではない。このような知識は時代とともに陳腐化することを彼らは知っているか

1　本章第2節・第3節の記述は、神戸大学経営学部の内部資料（「21世紀COEプログラム活動記録3：加護野忠男教授へのインタビュー、聞き手：小川進」、「神戸大学経営学部平成3年度歳出概算要求説明資料」）も参照している。

2　日本型経営教育システム構想委員会は1999年まで継続され、計25回開催された。2003年度以降は企業のトップマネジメント等から構成される「アドバイザリーボード」へ発展的に移行し、現在に至っている。

らだ。彼らが求めているのはより普遍的な知識である。ここに「極めてアカデミックなものが、実践的な価値を持つ」という逆説が成り立つ。これこそが大学が最もポテンシャルを持っているところである【[95]】。

実際、社会人大学院で提供された講義科目は、一般の大学院の科目の中で社会人が関心を持ちそうなものを社会人向けにアレンジするという誂えで、実務的な専門知識よりアカデミックの普遍的な知識が提供された。しかし講義で取り上げられるテーマの問題意識はきわめて現実的である。実際、社会人大学院生が現場の問題を経営学のフォーマルな理論を用いて検討し、さらにそこで得た知識をもう一度職場に持ち帰って実践し効果を上げるという良い循環が回り始めた。実務の最前線で直面している問題に対する普遍的な洞察、それを引き出すために必要な方法論、これこそが社会人の多くが求めている。「働きながら学ぶ」ことが社会人にとって最も有益な就学方式なのだ。委員会がたどり着いた一つの結論であった。

そのための教育方法としてゼミに「プロジェクト方式」が組み込まれた。プロジェクト方式とは、複数の学生が協力して共通のテーマの解答を導き出す方法である。職場の素朴な問題意識を深く掘り下げると、経営の基本的な問題にぶつか

六甲台本館経営学部大会議室で開催された社会人大学院教育への外部評価会議。中央は加護野、右は石井淳蔵
<神戸大学経営学部提供>

る。その問題を集団で分析し、討論することによって新しい洞察が得られる。教授は指導や助言をするが解決の主役はあくまで学生自身である。実際に直面している問題について、経営学ではこれまでどのような知識（理論）が蓄積されているのか、また問題を考える際にどのような方法が使えるのか。これらの知識や方法を修得しながら研究は進む。この意味ではプロジェクト方式は「研究に基礎をおく教育」であった。

5　その後の展開

1990年入学の2期生は田村がゼミ担当となった。同時に神戸大学経営学部は、文部省へ「日本企業経営専攻」（修士課程）の設置を申請し、1991年4月より社会人向けの経営教育プログラムはこの専攻に吸収されることとなった。谷が担当した3期生はこの新たな専攻のもと就学した。経営学科の加護野、商学科の田村、会計学科の谷がゼミを担当したことで経営学部を構成する3学科回り持ちが周回した。第2ラウンドとなる4期生（1992年入学）は経営学科の奥林康司が担当した。

奥林は、加護野や谷と同様に「プロジェクト方式」と「研究に基礎をおく教育」をグローバルに拡張すべく、研究成果を海外で発表する機会を設けた。第1年次（1993年3月）にはプロジェクト研究の成果を英国のサルフォード大学およびドイツのコブレンツ企業管理大学で当地の大学院生に向けて発表した。その発表はドイツ経営学界の大御所アルバッハ（H. Albach）から高く評価された。第2年次（1994年3月）には修士論文の研究成果をアメリカのスタンフォード大学で発表し、経営

英サルフォード大学でのMBA生の海外研修。
前列の左から２人目は奥林＜奥林康司氏提供＞

学の権威であるマーチ（J.G. March）からコメントをもらう機会を得た【[32]】。

１９９５年度からは、博士課程後期課程についても昼夜開講制を設け、社会人を対象に課程博士の学位取得を目指すプログラムを開始した【[71]】。以降、この社会人博士後期課程に在籍して博士の学位を取得した者の中には研究者の道を歩み、各大学で主軸の教員になって活躍する者も出てきた。実践世界と研究世界を共に手の内に入れた「二刀流の研究者」が社会人大学院から生まれたのである【[64]】。

その後も社会人大学院は、1年6か月間の短期修了など修業年限の弾力化、土曜日集中開講、平日夜間のサテライト教室開設など改革の連続によって変貌していく。さらに神戸大学経営学部は、１９９９年には大学院部局化（大学院重点化）を契機に、「日本企業経営専攻」を「現代経営学専攻」に改め、２００２年には「現代経営学専攻」の博士前期課程部分を「専門大学院」へ、翌年には「専門職大学院」に変え、現代経営学専攻の教員を増員して大幅に科目等を拡充するなど、現在の就学方式を形づくる一連の改革を実行していく。その原動力は神戸高等商業学校の設立以来連綿と受け継がれる経営学の開拓者精神であった。

■学び舎の風景⑨　産学連携の手段

神戸大学経営学部（以下、経営学部と表記）は、旧制の神戸高等商業学校の設立（１９０２年）以来、日本の経営学の中核的研究教育拠点、すなわちＣＯＥ（センター・オブ・エクセレンス）として長年にわたって機能してきた。その120年の歴史は産学連携による変革の連続という特徴を持つ。なかでも「オープン・アカデミズム」の理念のもとに行われた１９９０年前後の一連の変革は後世に記録されるべきものであった【[68]１－２頁】。オープン・アカデミズムとは、産業社会で次々に発生する現実の経営問題を大学の教育・研究の対象として遅滞なく取り上げ、これによって経営現場と経営研究・教育現場の情報交流を促進するという、経営学部独自の基本理念である。例えば、経営学部は１９８７年より「トップマネジメント講座」と銘打って、企業の経営幹部が1学期間講義する科目を開講してきた。初年度はダイエーの中内《なかうち》功《いさお》会長兼社長はじめとする経営陣が「流通産業論」の講義を行った。また１９８８年からは「社会人専任教官制」をスタートした。これは企業の第一線で活躍している中堅管理職を１－３年の期間、助教授として採用する制度である。また１９８９年には「日本型経営教育システム構想委員会」を組織化し、社会人大学院のあり方について産業界と緊密な意見交換を行った。

こうした一連の産学連携による改革の包括的な目標は、オープン・アカデミズムの基本理念を定着させることであった。なかでも経営学部が中心となって１９９３年に創設した「現代経営学研究学会」は、産学連携のプラットフォームという意味で重要な取り組みであった。普通は、学会というと特定の分野の学者や研究者の団体をイメージするが、本学会の会員は大学教員や学生だけではなく経営に携わるすべての人々によって構成されている。経営やビジネスの問題を研究しているのは、大学や研究機関に所属する人びとに限らないからである。経営コンサルタントや実務家も経営の問題を研究し、そこから新しい洞察を得ようとしている。

しかも、これらの人びとの洞察は、実践によって裏打ちされているだけに、研究者のそれより深いかもしれない。多様な人びとが集まって、コミュニケーションをとることによって経営学の研究はいっそう発展する【[93]】。

1993年1月には「不況下の経営革新」というテーマを掲げ大阪商工会議所国際ホールにて本学会の発足記念講演会が開催された。そこでは本学会代表の田村正紀が「売れない時代のマーケティング」という論題で、任天堂社長の山内溥《やまうちひろし》が「市場創造の戦略」という論題で講演した。本学会は『Business Insight（ビジネス・インサイト）』という季刊誌（会報誌）も刊行した。初代編集長には加護野忠男が就いた。この雑誌の使命は、日本企業が直面しているさまざまな本質的な問題を取り上げ、その問題を洞察するための材料を提供することである。また「ビジネス・インサイト」の誌面と連携して年4回のワークショップと年1回のシンポジウムも開催された。いずれも、第一線で活躍する実務家や研究者がパネリストとして登壇し、いま起きているビジネスの変化を捉え議論する場である。

2004年、本学会は、産学連携の基盤を一層強固なものにすべく「特定非営利活動法人現代経営学研究所（RIAM：Research Institute of Advanced Management）」に改組された。RIAMの初代理事長には谷 武幸が就任した。RIAMは本学会の活動を継承するとともに、さらにオーダーメイドの経営教育事業を拡充した。一つは企業内研修の受託である。個別のニーズに合わせて企業の中堅・幹部クラスを対象にMBAの講義科目のエッセンスとアクションラーニングを組み合わせたプログラムを開発し、その運営を企業の人材開発部などと一体になって行っている。

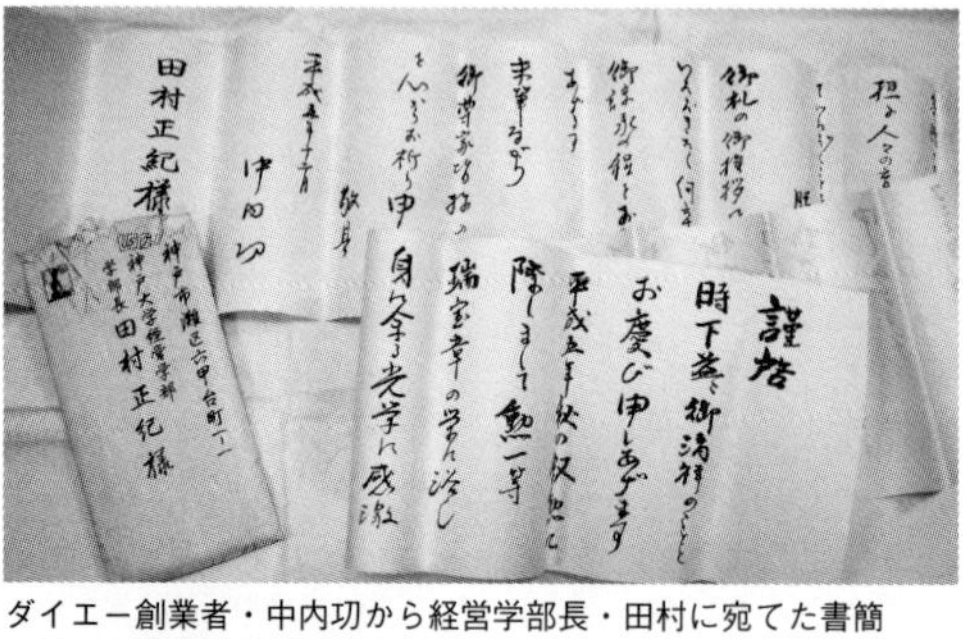

ダイエー創業者・中内功から経営学部長・田村に宛てた書簡
<神戸大学経営学部提供>

また30－40歳代の中堅社員を対象に異業種交流型の「経営リーダー育成ビジネススクール」を毎年開催している。こちらは２０２０年に17期生を迎え、すでに200名を超える修了生を輩出している。またＲＩＡＭは経営学部と連携して産学連携による先端的・実践的経営学創造の場を広げるための「マルチクライアント型研究会」を開催している。例えば、ポジティブ心理学を組織開発・人材開発の実践に応用する「人勢塾」（金井壽宏主宰）や、ベンチャー企業のビジネスプランニングとファイナンスの知識の修得を目指す「アントレプレナーファイナンス実践塾」（忽那《くつな》憲治《けんじ》主宰）などである。

以上の通り、経営学部はこれまで産学連携のあり方を常に自己点検し変革し続けてきた。時代とともに取り組むべき課題は変わる。現下の課題は、例えばＤＸ（デジタルトランスフォーメーション）やＥＳＧ（環境・社会・企業統治）を重視する産業社会の変化への対応をいかに図るかということであろう。

経営学部のオープン・アカデミズムの挑戦は続く。

■学び舎の風景⑩　阪神・淡路大震災による被災下での教育・研究

「あっ、地震」と、女房が言い終わらないうちに、物凄い揺れが襲ってきた。その揺れは、どんな表現を用いても表せないと、今も感じている。よく、町の公園に起震車が来て、地震防災対策の啓発や訓練を目的として、地震の揺れを疑似体験してもらう活動が行われている。起震車は荷台が部屋の造りになっており、その揺れを車外から見学できるトラックである。震度5とか震度6とかの揺れを、荷台に乗り込んだ住民に体現してもらうことができる。一昨年、筆者は名古屋の久屋広場でそれを体験した。ただ、当時を思い出して「震度6では揺れが少ないなぁ。こんなものじゃなかったなぁ」と感じた。確実に断言できる。まず、揺れのスピードが全然、違う。地震が発生した当時、神戸大学の中に置いてあった震度計の針が振り切れて、測定できなかったという噂話が筆者のところにも届いていた。実際、気象庁が公表した値は震度7であり、それと震度6との違いは、揺れのスピードにも表れてくるはずである。気象庁のデータでは、激しい揺れは15秒程度だった。ただ、筆者は30秒以上に感じたし、中には1分以上に感じたという阪神淡路大震災の記事も見られた。おそらく揺れのスピードが速いから、そのように感じられたと筆者は感じている。数値で表すと、『発生：平成7年1月17日5時46分、地点：淡路島北部（北緯34度36分、東経135度02分）、深さ：16㎞、大きさ：マグニチュード7・3』ということだが、こんな表現は、わたしたちが感じた揺れとは全く繋がっていない。

地震の後、30分ほどして夜が明けてきたので、家の外に出てみて、この地震の凄さが分かってきた。筆者の家は、当時は教養部と呼ばれていた国際文化学研究科がある鶴甲第1キャンパスの横を通る国道を、海側へ下っていって、阪急電車の線路をくぐった付近にあった。筆者が住んでいる区画では、広い道路に面した家だけに限定しても、3軒の家が崩壊していた。路地を入ったところにある家は含んでいない。それも加えれば、もっと多くなる。これはすごい地震が襲ってきたなという感覚だった。

経営学部では、特に災害対策本部と銘打った組織を設置したわけではなく、当時の、学部長、第一教務委員と第二教務委員と補導委員によって構成された執行部が中心となって、震災後の事態に対処した。もちろん、事務官の助けも必要で、震災後の活動を見れば、むしろ事務官の方々が中心になって、対応にあたったという方が状況を正確に表している。

その活動状況としては、まず、本学部の教職員及び学生の安否を電話等で確認した。それとともに、財産の被災状況を把握することに努めた。特に、亡くなった4名の学生については、教官及び事務官が手分けして被災現地に赴き、状況の確認を行なった。その後は、書面による被災状況調査を実施したほか、その後の残された授業時間と期末試験が実施できないこと、卒業判定をどうするかという問題、さらには、入学試験が神戸大学のみではできないこと等を協議した。

震災は1月17日だったので、残された授業時間は多くても3週間で、まず、その期間に講義やゼミができないことを確認した。そして期末試験はすべてレポートに変更された。そうしたことを、学生に伝えるため、1月31日に学生を集めて、その内容に関しての説明会を開催した。説明会には約500人の学生が出席し、学部と大学院の期末試験やレポート、そして卒業論文の提出期限が提示された。それに加えて、被災学生に対する奨学金、授業料免除、下宿等斡旋、学生寮入寮や経営学部学生の被災死亡、等について報告された。当日、欠席した学生もいたので、同じ内容の文書が学生全員に送付された。教官には「成績提出期限について」と題された資料が2月8日に配付され、その最後に「成績提出の最終期限日は、成績入力が込み合いますので、できるだけ早く成績を提出して下さいますようお願いします。」と記載されていた。

　当時の説明はこれだけである。ただ、このことに関して、本学部のある教官が放った言葉が印象的で、それは今でも、忘れずに思い出すことが出来る。「こんなん（注、提出期限）守ってくれなくとも、提出してくれるだけで十分やで、大学へ提出に出てくるだけで、町で事故にあうかもしれへん。白紙のレポートでも名前書いて送ってきたら、おれは合格にしたるわ。」と。当時、その教官は、金沢病院の東隣にあった灘区役所に、大学に関連する様々な事柄で出かけ、遺体が近くの路地に並べられていた光景も目にされていた。灘区だけで1，000人近い人が亡くなって、この震災を生きてきただけで十分だと仰りたかったことは、言葉の端々から感じられた。

被災した社会科学系図書館書庫
＜神戸大学附属図書館提供＞

阪神・淡路大震災慰霊碑
イラスト／松村瑹郎

第7章

大学院重点化と国立大学法人化

六甲台本館の全景。中央の時計台より右側に経営学部が入る＜編著者撮影＞

1　反知性主義のもとで迷走する大学改革

本書第Ⅰ部「経営学の生成と発展」の通史終盤にあたる本章では，主として1990年代から2000年代にかけての時期を取り上げる。ただし，それは経営学部（大学院経営学研究科）における経営学の研究と教育の展開そのものではない。

大学関係者には周知の事実であるが，1991年の大学設置基準の改正，いわゆる「大学設置基準の大綱化」により，大学に対する国（直接には当時の文部省，2001年度以降は文部科学省）の規制は大幅に緩和されることになり，例えば，カリキュラムについては，一般教育科目，外国語科目，保健体育科目，および，専門教育科目という区別が廃止された。「大綱化」以降，卒業に必要な単位数は従前の124単位に据え置かれたが，第二次世界大戦敗戦後の，いわゆる新制大学設置の際に，旧制大学に統合された旧制高等学校や旧制大学予科を母体とした「教養部」は，国立大学においては，現在は東京医科歯科大学を除き，すべて廃止されるに至り，しかも，その先鞭をつけたが神戸大学と京都大学であった。

ただし，教養部の廃止は単なる学内組織の改編問題にとどまらず，大学教育において専門教育と対置されるべき教養教育の軽視（劣化）につながり，一部では国家資格等の取得を目指した大学の「専門学校」化という事態を招いている。また，「高大接続」の必要性がしばしば指摘される中で，本来は高校教育と大学教育の橋渡しの役割を担っていた教養部が廃止されて以来，このような役割を支える人材そのものが少なくなり、例えば、高校の学習指導要領に準拠した入試問題の作成も困難になるという状況を生じている。この「大綱化」以来、わが国の大学は「大学改革」という長い昏迷のトンネルに突入したのである。

本章では、このような「大学設置基準の大綱化」に始まる、１９９０年代頃から現在に至るまで続く、反知性主義に根ざすとしか解されない理念なき「教育改革」、そして、その一環としての「大学改革」という大きな波濤に翻弄されながらも、神戸大学経営学部が、教育研究組織の改編や教育プログラムの開発などの自己革新を通じて、社会的公器（公共財）としての存在意義を向上させるべく努めてきた、その持続的な自己革新の過程に焦点を絞って記述することにしたい。

2　大学院重点化

(1)　大学院重点化とは

１９８０年代に入ると、日本経済は、世界経済の中心の一つ、つまり、アメリカ、ヨーロッパと並ぶ三極の一つとして捉えられるようになる。同時に、日本企業の多国籍化は一段と進展し、世界経済における日本企業の役割は非常に大きくなり、これを背景に日本企業の経営を担当する人材にはますます高度な能力が要請されるようになった。このような時代的要請を受け止めて、経営学部では新たな構想を描き具体化し始めた。それは、経営学の教育研究活動の基礎を学部から大学院に移すという、大学院重点化（大学院部局化、大学院講座化）の構想であった。

本章で言う「大学院重点化」とは、教育研究組織を従来の学部を中心とした組織から大学院を中心としたものに変更することを指し、大学院部局化、あるいは、大学院講座化とも呼ばれる。もっとも、当初には「大学院重点化」は、経営学部の事例にも見られるように、予算措置（予算増）を伴うものであったが、後には予算措置を伴わない（つまり、教員の学部から大学院の配置換え）という形式での部局化が行われている。

従来の国立大学における教育研究組織は、上記のように学部を基礎として構築されており、大学院は学部に付加されるという位置づけであった。教員はあくまでも学部に所属し、大学院を兼務することになっていた。したがって、部局としての基本的な意思決定は学部の教授会で行われ、大学院に直接に関係する事項のみが大学院の研究科委員会で行われた。また、予算の側面で見れば、当時の国立大学の予算の基礎であった「積算校費」は学生数を基準として計算されていたが、同じ学生でも学部学生と大学院学生では一人あたりの積算校費（単価）に大きな差があった（一般的には大学院生が25％増）。単純化して言えば、教育研究組織の基礎を学部から大学院に移行させ、大学院学生の定員を増加させれば予算も増加するということであるが、同時に大学院重点化の実現は、特に研究の側面から見れば、研究機関としてのステータスを引き上げるという効果が期待された。

(2)　経営学部における大学院重点化

大学院重点化は、1991年4月の東京大学大学院法学政治学研究科を嚆矢とする。同時に、それは現在の指定国立大学法人制度と異なり、部局単位での実現が可能であったことから、経営学部でも、かかる大学院重点化をもって、旧制の神戸高商業学校、神戸商業大学の時代から連綿と継承されてきた教育研究活動の伝統と実績、そして、さらなる自己革新に基づき、「経営学」（広義に会計学や商学を含む）の教育研究拠点、いわゆる「センター・オブ・エクセレンス」（Centre of Excellence：COE）を追求しその確立を目指すという方向で着手された。

神戸高商時代における「学理の応用」の強調、また、これを発展させた神戸商大時代の「学理と実際との調和」から継承されてきた経営学部の理念は、改めて「オープン・アカデミズム」として現代的に再解釈された。学際的応用研究としての経営学の性格をふまえて、産業界の現実問題を遅滞なく取り上げ、産業界との相互協力と相互批判を通じて研究を進め、その成果を学内外で教育するとともに産業界や社会一般に広く還元していくという「オープン・アカデミズム」が一連の自己革新の指導理念となった。

経営学部における大学院重点化は、具体的には、大学院における従来の研究者養成機能の拡充を図りつつ、新たに社会人教育機能を付加する形で進められていった。まず、１９８９年４月にわが国の国立大学として最初に「社会人ＭＢＡプログラム」を開設した。当初、これは実験的なものとしてスタートしたが、１９９１年４月には経営学研究科に独立専攻（学部に基礎を置かない大学院のみの教育プログラム）の「日本企業経営専攻」（修士課程）が設置された。ここに、本格的な社会人大学院の設立を見たのである（なお、学年進行により１９９３年４月に「日本企業経営専攻」に博士課程後期課程が設けられている）。

1995年4月に、大学院の専攻は産業界の課題等の社会的要請を反映し、経営学の先端的研究領域を分野横断的に研究・教育することを目的として、従来の経営学専攻、会計学専攻、商学専攻から大幅に再編され、マネジメント・システム専攻、企業システム専攻、経営総合分析専攻という3つの新たな専攻が設けられ、これと既述の日本企業経営専攻を合わせて4専攻体制に移行した。

以上のような組織改編を基礎として、1998年度から2カ年計画で大学院重点化（大学院部局化）が開始された。まず、同年4月にマネジメント・システム専攻と会計システム専攻（旧称：経営総合分析専攻）が、次いで翌1999年4月に市場科学専攻（旧称：企業システム専攻）と現代経営学専攻（旧称：日本企業経営専攻）がそれぞれ大学院講座化された。神戸大学経営学部の大学院重点化は、経済学・経営学（商学）系では、東京大学経済学部、京都大学経済学部、一橋大学経済学部、大阪大学経済学部に次ぐ第5番目、そして、経営学（商学）系に限ればわが国で最初であった。

さらに、2002年4月には、大学院の既設4専攻のうちの現代経営学専攻の博士課程前期課程を改組することにより、経営管理のための高度専門職業人（「経営のプロフェッショナル」）の育成を目的とした「専門大学院」が設置された。かかる専門大学院は既存の大学院の学位課程の枠組み（修士課程）の中での高度専門職業人養成のための組織であったが、翌2003年4月には、法科大学院の設置などに伴う大学院の学位課程の改編により、通常の大学院とは異なる「専門職大学院」（専門職学位課程）へと移行することになる（ただし、経営学研究科の場合には他の多くの専門職大学院に見られる独立研究科でなく、Ph.D.プログラムと社会人MBAプログラムの併置による教育研究上の相乗効果を期待して研究科内の1専攻として設置）。

なお、この間、大学院のみならず、学部の教育にかかわる組織の再編・整備も実施された。1993年4月に、本来は勤労学生（社会人）に大学教育の機会を提供すべく設置された夜間課程に対する社会的需要の減少に伴い、第二課程（修業年限5年）を廃止し、学部の昼夜開講制（昼間主コースと夜間主コース：いずれも修業年限4年）への転換が図られた。また、学部の学科構成も、従来の経営学科・会計学科・商学科の3学科体制から、経営学科・会計学科・市場システム学科・国際経営環境学科の4学科体制に改組された（昼間主コースと夜間主コースとも）。そして、この4学科体制は、先に述べた大学院重点化が開始される1998年4月に、先端的かつ専門的な教育は大学院に委ね、学部教育では経営学の全般にわたる幅広い基本的知識を有するジェネラリストを養成するという観点から、経営学科1学科体制に再度改編されている。

上述した経営学部における大学院重点化の動きには、もちろん研究機能の高度化という側面も見られたが、他方、大学が持つ教育の機能、特に学部教育を軽視するものでなく、そこには、学部・大学院を通じて、教育と研究という2つの枢要な機能を統合する鍵概念としての「研究に基礎をおく教育」(Research-Based Education）という観点が存在している。経営学部における教育活動は、これに所属する教員個々の研究活動の成果を学問的・理論的基礎として実施することを基本としている。研究なき教育はありえず、時として一部の大学で見られる「教員は教育に専念せよ」といった趣旨の理事者による発言は、大学という教育研究組織の自殺行為そのものであろう。

このような積極的で持続的な自己革新を展開する中で、経営学部は、次節で取り上げる国立大学法人化の潮流に否応なく巻き込まれることになる。それは、研究者個人や学部・研究科レベルでのアカデミックな競争を超えた、本来は協働すべきであるはずの国立大学等の教育研究機関どうしでの人的・財務的資源の獲得に向けた熾烈な競争の時代への突入であった。

3　国立大学法人化

(1)　大学法人化とは

２００４年4月、国立大学法人法の施行に伴い、神戸大学の設置者は、「国」から「国立大学法人神戸大学」に移行した。いわゆる国立大学法人化である。前節で記述した大学院重点化は、個々の部局（学部）において大学人（教職員）が積極的に対応（努力）できる課題であったが、国立大学の法人化は、個々の国立大学（教育研究組織）をも超える問題であり、行財政改革に関わらせながら一気呵成に押し進められた。

国立大学法人化については、１９９６年11月に発足した「行政改革会議」において国立大学の独立行政法人化について検討を開始した頃から現実味を帯び始めた。１９９９年4月の「国立大学の独立行政法人化については、大学の自主性を尊重しつつ大学改革の一環として検討し、平成15年までに結論を得る」とする閣議決定以降、法人化の動きは加速される。上記の閣議決定を承けて、２０００年7月に、国立大学関係者を含む、いわゆる有識者から構成された「国立大学等の独立行政法人化に関する調査検討会議」が検討を開始し、同会議は２００２年3月に「新しい『国立大学法人』像について」（最終報告）をとりまとめる。また、2001年6月の「経済財政諮問会議」には、文部科学省から国立大学に再編統合や法人化の構想を示した「大学（国立大学）の構造改革の方針」（いわゆる「遠山プラン」）が提出されるとともに、翌年11月には「競争的環境の中で世界最高水準の大学を育成するため、「国立大学法人」化などの施策を通して大学の構造改革を進める」との閣議決定が行われた。

このような流れの中で、2003年2月に、国立大学法人法案等関係6法案が国会に提出され、これらの法案が2003年7月に成立し、同年10月に施行された結果、第二次世界大戦の敗戦を契機に、日本国憲法の公布——教育基本法・学校基本法の施行後に制定された、旧制大学に代わる新制国立大学設置の根拠となっていた旧国立学校設置法は廃止され、新たな国立大学法人法の下で、国立大学は独立行政法人の一形態となるのである。

このように、国立大学法人化は経営学部あるいは個々の教育研究組織では直に対処できない問題であり、前途に大きな懸念と危惧があっても、残念ながら当時の国立大学が、大学の現況に対して醸成された批判的世論に抗して、逆にその支持を得て法人化の流れを覆すことは困難であった。「大学改革」を含めた「教育改革」は国家百年の計であり、本来的には長期的視点に立って検討すべき問題であろうが、特に国立大学の法人化は、先に述べたように、行財政改革の一環として始まり、きわめて短期間のうちに、いわば急転直下に実施されたのである。その後の推移（帰結）は諸賢の察するところであろう。

私見を述べれば、そこにはさまざまな弊害が現れている。例えば、法人化の際の名目として、大学の多様化・個性化が挙げられたが、現実には、崩壊した旧ソビエト連邦や東欧諸国に見られた計画経済を想起させるような中期目標・中期計画の形式的な策定と儀式的な評価、結果としての大学の没個性化、また、他の先進諸国と比較して国内総生産や公財政支出全体に占める高等教育の割合が少ないにもかかわらず、効率化係数（対前年度比１％）の適用による運営費交付金の逓減、それに伴う教職員数の削減と教育の質の低下（従来の国立大学の特徴であった少人数教育の困難化など）、あるいは、運営費交付金の交付額の減少を賄うための、国が意図・設定する諸種の競争的資金獲得のための迎合的対応、研究資金の外部への依存度の増加、外部資金を求めての大学間競争の激化などの問題が多々表出している。さらに、総じて見れば、旧帝大系大学への人的資源や財務資源の偏在という新制国立大学発足時における大学間の階層構造が是正されないまま、つまり、大学間のイコール・フッティングがなされないままでスタートした国立大学の法人化は、現在の指定国立大学法人制度に見られるような、文部科学省による大学の選別と、これによる大学間格差のさらなる拡大の問題を生じさせている。

神戸大学本部が入る建物＜編著者撮影＞

(2)　法人化後の神戸大学経営学部

とは言え、経営学部では、法人化後の学内外の人的・財務的資源の厳しい制約下にあっても、社会的公器としての根幹機能である教育と研究の歩みを止めることは許されないとして、さまざまな自己革新を実施してきている。

例えば、第６章でみた社会人ＭＢＡプログラムの開設を皮切りに、大学院の教育課程では、２０１３年４月に、全ての授業を英語で行うＳＥＳＡＭＩ（Strategic Entrepreneurship and Sustainability Alliance Management Initiative：戦略的共創経営）プログラム（M.A./Ph.D. Course）が開設される。また、ＳＥＳＡＭＩプログラムのうちの博士課程前期課程は、２０１５年４月に経営学研究科と経済学研究科・法学研究科の３研究科合同で設置した神戸大学のグローバルマスタープログラム（Global Master Programs：GMAPs）の１コースとしてGlobal Master Program in Management（SESAMI）に位置づけられている。

学部教育では、法人化前の２００１年４月に、在学中の公認会計士試験または税理士試験（科目）の合格を目指すとともに、職業会計人に要求される高度専門知識の習得を目的として、「会計プロフェッショナル育成プログラム」が設けられている。２０１１年４月には、１年間の協定校への留学経験をしながら４年間での卒業を可能とするＫＩＢＥＲ（Kobe International Business Education and Research）プログラムや、２０１３年４月からはＫＩＢＥＲプログラムに所属し、かつ大学院におけるＳＥＳＡＭＩプログラム（GMAP in Management）に進学することにより、５年間で経営学の学士と修士を取得できる教育プログラムであるＫＩＭＥＲＡ（Kobe International Management Education and Research Accelerated）プログラムを設置している。加えて２０１６年４月には、成績優秀者を対象に「経営学を知っている」から「経営学で経営がわかる」へと学修成果を向上させるための特別な

大学院ゼミで指導する金井（中央）とゼミ生たち
＜出典：【70】＞

少人数教育として「経営学特別学修プログラム」を発足させている。

紙幅の制約から、上述した教育プログラムの解説は経営学部のホームページにその詳細を委ねることにするが、これらの新規の教育プログラムの開発・展開を支えた経営学部の基本理念が、既述の「オープン・アカデミズム」であり、「研究に基礎をおく教育」であったことは言うまでもない。

4　経営学部の今後の発展へ向けて

叙上のように、神戸大学経営学部は、国立大学法人化後も「経営学」に対する多様な社会的要請に対応すべく、学部と大学院の両レベルでさまざまな教育プログラムを開発し実践している。一方で、このような教育研究活動の基盤となる人的・財務的資源については、科学研究費補助金を含めた外部資金の獲得など、諸種の努力が積み重ねられているが、安定的財源の確保という視点では楽観が許されない。むしろ危機的状況が続いているといっても決して過言ではない。

経営学を学びたいとする「志」のある優秀な学生の確保という側面から見れば、大学進学者の母集団となる18歳人口の減少は深刻な問題である。神戸大学全般を通じて情報発信能力の低さがしばしばしば指摘される中で、本書の刊行がこのような状況に変化をもたらす契機となり、経営学部が、わが国における「経営学」の教育研究拠点であることの社会的存在意義を広く理解していただけることを祈念して、本章の結びとしたい[1]。

1　付言しておけば、神戸大学経営学部のルーツである神戸高等商業学校から神戸商業大学、神戸経済大学を通じての教育の先進性・革新性は、狭義の「経営学」のみならず「会計学」の分野にもみることができる。例えば、設立当初の神戸高商にあっては、会計学に関する講義科目は本科・予科ともに「簿記」のみであり、この点については、先行設置された高等商業学校（東京高等商業学校）でも同様であった。しかし、神戸高商の設置に伴い、初代校長を務める水島銕也らとともに、東京高商から神戸高商の教授に移籍した東《ひがし》爽五郎《せきごろう》（1865－1947）は、もっぱら「簿記」を担当しながらも、欧米への長期の在外研究（1908年3月－1910年6月）から帰国後の1911年度に、当時の欧米の状況をふまえて、新たに「會計學」を設けてこれを担当する。記帳技術論を超えて、広く会計事象を考究・教育する会計学（accounting）という科目は、今日では経営学（商学）系の学部、さらに経済学系の学部にもごく当たり前のように開講されているが、わが国における嚆矢は神戸高商に見出されるのである（東京高商における相当科目は、1915年度の学制改編による「計理學」の開設に始まる）【[99]】。また、東は、1913年10月に、わが国で最初の会計研究団体である「神戸會計学会」を設立するするとともに、1915年にはその学術機関誌である『會計學論叢』を創刊している【[109]】。平井泰太郎も、東の薫陶を受けて、神戸高商在学中に複式簿記に関する世界で最初の印刷教本であるLuca Pacioliの「簿記論」（彼の数学書『スムマ』［1494］中に収録）の邦語訳を英訳書を基に試みて卒業論文としている。これは、上述した1920年刊の『會計學論叢』（第四輯）に「「ぱちおり簿記書」研究」として公表されている【[110]】。第1章でも触れたように、後に「経営学」確立の立役者となる平井泰太郎の研究者としての出発点は会計学にあったのである。

■学び舎の風景⑪　研究大学院への志向

大学院重点化による研究者養成教育の拡充の成果は、毎年のＰｈ．Ｄ．(課程博士号)授与数が、１９９０年代はじめまでほぼゼロであったのが、１９９９年以降平均20人となったことに端的に現れている(図表７－１)。その実現には大学院重点化による博士課程の定員増が必要だったが、その上で実際にそれだけのＰｈ．Ｄ．を輩出した真の成功要因は、研究者の育成方法の転換である。

その転換は、大学院重点化のちょうど5年前の１９９４年になされた。それまでの博士課程教育は、指導教員の研究の仕方を見て、言わば「師の背中」を見てどうすれば研究ができるかを学ぶ場だった。そして、大学院卒業後に、その学んだやり方で長い時間をかけて立派な研究成果をあげ、自らも師と同様の学術研究書をものすることで初めて、論文博士となったのである。博士課程修了時にＰｈ．Ｄ．を取得することは、制度上は１９９４年以前も可能だったものの、一人前の研究者になるこのやり方ではそもそも想定されておらず、実際の日本人取得者は皆無だった(図表７－１にある１

〔図表７－１〕　大学院重点化前後のPh.D.授与数の推移

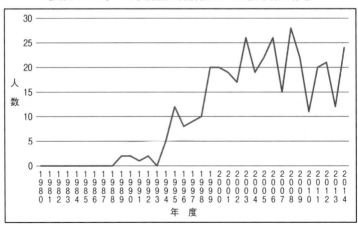

出所）筆者作成。

994年までの授与12件は全て留学生）。

研究者をこのやり方で育成する博士課程のカリキュラムは、講義を担当する教員が、それぞれ自分の研究の仕方を学生に解説してみせるというものである。学生は教員ごとにそれを学べば良いから、それをいつどのような科目として聴くのであっても構わない。したがって、1科目の開講頻度は高々2年に1回で、どの科目もその具体的講義内容は担当教員が決めていた（図表7－2）。

このやり方は、言わば研究という職人技の伝承というやり方である。それは、限られた数の教員で研究者を小規模に育成するには仕方のないやり方ではあるが、弱点がある。第1に、学生が身につける研究能力は、教える教員の研究方法で研究できる能力に限られる。第2に、そのやり方をそのまま大人数の学生に行うと、研究指導で1人ひとりに手が回らなくなる。

大学院重点化で研究者養成の拡充を行い、大規模にPh.D.を育成するにはこの弱点を克服する仕組みが必要だった。手本としたのは、世界の研究者養成のセンターであるアメリカのトップスクールである。そこでは、博士課程の最初の2年間、学生はコアカリキュラムで徹底的に鍛えられる。それは、経営学の研究成果の全体を、大学院教育用にまとめられた教科書と原論文とで教えられ、身につけることである。これは、つまり、世界の研究者の共通財産である、発見された主な法則性、証明された主な定理を全て理解し、その財産を自分のものとすることに他ならない。合わせて、その法則性を発見し、定理を証明した研究手法を、同じやり方で身につける。世界の研究者集団はこの能力で研究するが、その能力を自分も得る。即ち、世界の研究者集団の一員となる。その上で研究指導教員が未解決の課題を学生に与えれば、教員自身を含む現役の研究者がするように、学生はそれを解決できる。その成果がPh.D.授与となる。

例えば、筆者と同僚の1人は、1986年からスタンフォード大学とノースウェスタン大学の経営大学院で学んだ。互いの勉強の進捗状況を頻繁に電話で話し合ったが、2人が履修していた科目では、講義内容はほぼ同じであることがわかった。3,000キロ隔たった大学で、独立の教員集団から、2人は同じことを知

〔図表７－２〕　大学院カリキュラム改革前後の開講授業科目

カリキュラム改革前			
1990	1991	1992	1993
経営学特論		経営学特論	経営学特論
経営管理特論		経営管理特論	
	労使関係特論		
公益企業経営特論		公益企業経営特論	
	工業経営特論		工業経営特論
	財務管理特論		
経営数学特論		経営数学特論	経営数学特論
	計測経営特論		
産業分析特論			
経営学特殊研究	経営学特殊研究	経営学特殊研究	経営学特殊研究
経営学特殊研究	経営学特殊研究	経営学特殊研究	経営学特殊研究
経営学特殊研究	経営学特殊研究	経営学特殊研究	経営学特殊研究
経営学特殊研究	経営学特殊研究		経営学特殊研究
経営学特殊研究			経営学特殊研究
外国文献研究	外国文献研究	外国文献研究	外国文献研究
外国文献研究	外国文献研究	外国文献研究	外国文献研究
外国文献研究			外国文献研究
外国文献研究			

カリキュラム改革後			
1994	1995	1996	1997
経営管理特論	経営管理特論	経営管理特論	経営管理特論
経営制度特論	経営制度特論	経営制度特論	経営制度特論
決定分析特論	決定分析特論	決定分析特論	決定分析特論
数学的方法論研究	数学的方法論研究	数学的方法論研究	数学的方法論研究
統計的方法論研究	統計的方法論研究	統計的方法論研究	統計的方法論研究
定性的方法論研究	定性的方法論研究	定性的方法論研究	定性的方法論研究
	経営行動特殊研究	経営行動特殊研究	経営行動特殊研究
経営労務特殊研究	人的資源管理特殊研究	人的資源管理特殊研究	人的資源管理特殊研究
	企業政府関係特殊研究	企業政府関係特殊研究	企業政府関係特殊研究
経営数学特殊研究	決定分析特殊研究	決定分析特殊研究	決定分析特殊研究
経営情報特殊研究	総合情報システム特殊研究	総合情報システム特殊研究	経営情報システム特殊研究
		国際経営システム特殊研究	国際経営システム特殊研究
経営学特殊研究			
		技術管理特殊研究	
			比較経営システム特殊研究

注）カリキュラム改革前は、「特論」「特殊研究」「外国文献研究」の３カテゴリーに分けられ、「特論」は毎年開講ではなく、「特殊研究」「外国文献研究」は内容が年ごとに変わった。カリキュラム改革後は、基礎科目である「特論」、研究手法を教える「方法論研究」、発展科目である「特殊研究」のステップ方式が導入され、（研究の発展を取り入れつつ）教える内容が決められた固定科目が同じ科目名称の下で毎年開講されるようになった。さらに、開講科目数は、1998－99年の大学院重点化に伴う教員数の増大に応じて増加し、今日に至っている。

出所）筆者作成。

り、同じことができるようになる教育を受けていた。そのような講義を2年間で20科目履修した。これが、コアカリキュラムで学ぶということである。

1994年に導入されたのはこの大学院教育の仕組みである。授業内容を標準化し、それを毎年開講することにし、さらに統計学等の研究手法を教えるための講義を手法ごとに毎年開講することとした（図表7－2）。これによって、毎年入学してくる学生が所属分野にとどまらず経営学研究の成果の全体を吸収するとともに、法則性を発見し定理を証明する能力を身につけられるようになった。これが毎年20人にPh.D.を授与する研究大学院を実現した真の要因である。

■学び舎の風景⑫　「複数の看板」の強み

2000年以降の経営学において、極めて高い成果をあげ、しかもそのことが組織内外に広く知れ渡っているスター社員の研究に注目が集まっている。スポーツやエンターテイメント、政治の世界だけでなく、一般企業においてもスターと呼ぶべき人材が存在しており、一部のスターが組織全体のかなりの部分の成果を担っている、といった実証研究結果もある。

われわれ研究者の世界もまた、そうしたスターが登場しやすい世界といえるかもしれない。いわゆる「看板教授」である。事実、アメリカのスター研究においてしばしば調査対象として選択されるのは、民間や公的機関に所属する看板研究者たちである。経営学の世界も例外ではないのだろうが、興味深いのは、神戸大学経営学部の歴史を見ると、ほぼ全ての時代を通じて複数の看板教授たちが、同時期に複数並存していた、ということである。

例えば、筆者が神戸大学の大学院生だった2005年頃、経営学部には実に多くの看板教授がおられた。

マーケティングの神話性を指摘し、同領域に新たな世界観を提示した石井淳蔵《いしいじゅんぞう》（１９４７－）。経営組織の環境適応という既存の経営学のパラダイムを脱し、組織による環境の認識や創造を扱う新しい理論を創造した加護野忠男。モティベーションのロバストな実証研究から解釈学的組織論へと転じ、先駆的な研究を行った坂下昭宣。労働の人間化をテーマに、個人の自己実現の場としての新しい企業のあり方を探求した奥林康司。そして、日本企業の強みが現場のミドルマネジャーたちにあることを看破し、ミドルの諸問題に理論的／実証的に迫った金井壽宏。

彼らはそれぞれに学会の中心人物であり、紛れもなくスターであったが、筆者にとって印象的だったのは、その彼らが、それぞれ微妙に異なる学問的立場をとり、時には（学問的に）対立しながらも、深いレベルでお互いを認め合っていたということである。講義中で「○○先生はああ言っているが、私はこう思う」とチクリとやりながらも、その直後に、「まぁしかし、あんな研究は私には到底できないけどね」とこぼす。こうしたやりとりが、学生である私たちには実に心地が良かった。

今にして思えば、この「複数看板制」こそ、神戸大学経営学部の長きにわたる伝統であり、この大学の高い研究能力と、人材輩出力を支える構造だったのかもしれない。例えば、１９５０年代から１９７０年代にかけては、事業部制組織の研究や日本的経営論、近代組織論の理論的解釈など、数々の分野で優れた研究を出した占部都美、自らはドイツ経営経済学の大家でありながら、「経営学とは経営に関する諸学である」という信条を持ち、アメリカ系の経営学を含めたさまざまな領域の弟子を育てた市原季一、そして、社会主義下での企業経営について、賃金論、労働論、組織論など多岐にわたる先駆的研究を行った海道進がいた。学問的には対立しつつも、パーソナルな部分ではお互いに通じ合うものがこの3人にはあったと、当時を知る人は語る（第5章も参照）。

そのさらに昔、１９３０年代から１９５０年代の間は、ドイツ経営学の第一人者であり日本経営学会設立の中心人物でもあった平井泰太郎、そして、歴史的な構造の中における企業経営の変化を探求した古林喜樂の二大看板の時代であった。ドイツ経営学の泰斗ニックリッシュやシュミット、さらには日本の経営学の先駆者上田貞次郎のもとで学び、経営学研究の本流として活躍した平井。一方、哲学や経済思想史に学問的なルーツを持つ古林は、企業経営の効率性を重視する当時の主流派と対峙する、「批判的経営学」を展開していた。明らかに異なる学派を形成している人々が並存している点に神戸大学経営学部の強みがあったことは、橘木【[92]】によっても紹介されている。

『経営学大辞典』[66] 編集会議後の懇親会で歓談する経営学部スタッフ＜池上葉子氏提供＞

さて、冒頭で紹介したスター社員研究では、「スターの脆弱性」が1つの重要なトピックとなっている。スターは確かに組織に大きく貢献するが、特定のスター頼みというのは組織の生産システムとして極めて脆弱であること、組織の中にたった1人のスターがいる状態になると、周囲からのやっかみや過剰な期待によってその人が潰され、やがてパフォーマンスを落としていく、といった議論である。

神戸大学経営学部を支えてきたのは、特定のスターの存在ではなく、一人ひとりがスターである看板教授たちがお互いに微妙な距離をとりながら並存する、その構造であったように思う。一人ひとりが学会の大看板であったことも事実であるが、それ以上に、彼らがお互い絶妙な距離を保ちながら並存し、しかし尊重し合いながら切磋琢磨していたこと、そうした彼らに惹かれ、全国からこれまた多様な学生が集まってきたこと。こうした構造こそ、神戸大学経営学部の高い生産能力を支えきた仕組みであり、私たちが引き継がなければならないものなのだと思う。私たち自身が大看板であるかどうか。それはさておき、

出光佐三記念六甲台講堂
イラスト／松村瑑郎

第8章

学部生・大学院生の入学と進路

満員の六甲台本館102教室で熱心に講義を聞く学生たち<神戸大学経営学部提供>

1　学部生の入学者

１９４９年に日本初の経営学部として発足した神戸大学経営学部には、同年262名（昼間課程177名、第二課程85名）の学生が入学した。その後入学者数は増え続け、経営学部の入学者の総数は１９８６年に1万人を超え、２０００年には１万４、８８５名に達した。

経営学部入学者（昼間課程）の総数に占める出身地域別割合の推移をみると（図表８－１）、近畿は約50年にわたってトップであった。注目されるのは、その近畿のなかで、兵庫県の割合は一貫して減少傾向にあった一方で、大阪府とその他のそれは総じて増加の一途を辿ったことである。１９７０年代以降、経営学部

〔図表８－１〕　経営学部入学者（昼間課程）の総数に占める出身地域別割合の推移（1949－2000年）

（単位：％）

	1949－59年	1960－69年	1970－79年	1980－89年	1990－2000年
北海道・東北	0.5	0.5	0.1	0.4	0.3
関東	1.0	1.1	1.2	1.2	1.7
中部	6.4	8.8	9.7	6.6	7.3
近畿	73.9	68.6	65.1	71.9	66.8
兵庫県	43.5	31.4	22.9	21.4	20.5
大阪府	23.2	29.3	32.3	37.1	30.5
その他	7.2	7.9	9.9	13.4	15.8
中国	7.0	8.9	10.5	8.3	7.8
四国	5.3	6.2	7.1	4.6	5.3
九州・沖縄	5.1	4.5	5.6	5.5	5.4
その他	0.0	0.0	0.7	1.4	5.3
不明	0.8	1.5	0.1	0.0	0.0
合計	100.0	100.0	100.0	100.0	100.0

注）その他は外国の学校出身者などである。
出所）【[73]】をもとに筆者作成。

には大阪府出身の学生が最多を占めた。

次に明らかなのは、北海道・東北、関東の東日本出身の入学生の割合がすべての時期できわめて低かったことである。つまり、神戸大学経営学部は近畿を中心に、中部および中国、四国、九州・沖縄の西日本出身者の進学先であったことがわかる。

2　学部生の就職

神戸大学経営学部は1953年の第1期生の卒業以来、2001年3月までに総数1万3、107名（昼間課程1万802名、第二課程2、305名）の卒業生を送り出してきた。この卒業生の昼間課程の学生は、ほぼ毎年90％以上が民間企業に就職してきた【［73］361頁】。では、どのような企業に就職したであろうか。

図表8－2は、高度成長期（1953－1973年）、安定成長期（1974－1986年）、バブル経済期（1987－1991年）、バブル経済崩壊期（1992－2001年）の各時期の就職者数の上位50社を示している。

戦後日本経済が大きく発展した1953－1973年の上位50社を産業でみると、この時期の発展を牽引した製造業が最も多い22社を占めた。注目すべきはそのなかに、1972年時点の総資産額で鉱工業上位50社【［131］308－309頁】に入った日本を代表する企業が14社も存在したことである。具体的には、松下電器産業、東レ、トヨタ自動車工業、川崎製鉄、久保田鉄工、武田薬品工業、住友金属工

〔図表8－2〕　経営学部卒業生（昼間課程）の就職先上位50社（1953－2001年）

順位	1953－73年	就職者数	順位	1974－86年	就職者数	順位	1987－91年	就職者数	順位	1992－2001年	就職者数
1	丸紅	121	1	松下電器産業	60	1	三和銀行	31	1	三井住友銀行	61
2	伊藤忠商事	90	2	三和銀行	58	2	住友銀行	26	2	三和銀行	50
2	住友銀行	90	3	丸紅	57	3	日本生命保険	25	3	日本生命保険	37
4	三菱商事	72	4	住友銀行	55	4	太陽神戸三井	24	4	東京三菱銀行	30
5	松下電器産業	70	5	伊藤忠商事	53	4	東海銀行	24	4	富士銀行	30
6	住友商事	67	6	住友商事	52	4	松下電器産業	24	6	NTT	27
7	塩野義製薬	63	7	大和銀行	50	4	丸紅	24	6	住友生命	27
8	三和銀行	62	8	住友生命	41	8	大和銀行	21	6	丸紅	27
9	富士銀行	58	9	トヨタ自動車	38	8	富士銀行	21	9	住友商事	25
10	住友生命	51	10	住友信託銀行	34	10	NTT	20	10	トヨタ自動車	24
11	日本生命保険	40	10	東海銀行	34	11	住友信託銀行	18	10	富士通	24
12	神戸銀行	39	10	富士銀行	34	11	第一勧業銀行	18	12	日本電気	21
13	大和銀行	37	13	サントリー	31	13	野村証券	17	13	第一勧業銀行	20
13	東レ	37	14	太陽神戸銀行	29	13	三菱銀行	17	14	大阪ガス	19
13	トヨタ自動車工業	37	15	第一生命保険	28	15	リクルート	15	14	松下電器産業	19
16	川崎製鉄	34	15	三井銀行	28	16	大阪ガス	14	14	松下電工	19
17	久保田鉄工	33	17	トヨタ自動車販売	26	16	サントリー	14	17	大和銀行	18
17	野村証券	33	18	第一勧業銀行	25	16	住友生命	14	17	東京海上火災保険	18
19	第一勧業銀行	31	18	日本生命保険	25	16	東京海上火災保険	14	19	関西電力	17
19	日商岩井	31	20	日商岩井	24	20	関西電力	13	19	住友信託銀行	17
21	サントリー	30	20	野村証券	24	20	トヨタ自動車	13	19	第一生命保険	17
21	日綿実業	30	20	松下電工	24	22	住友商事	12	19	東海銀行	17
21	三井物産	30	20	三菱銀行	24	23	クボタ	11	19	三菱重工業	17
24	武田薬品工業	28	24	久保田鉄工	22	23	住友海上火災保険	11	24	神戸製鋼所	16
25	関西電力	27	24	東レ	22	23	ダイキン工業	11	25	あさひ銀行	15
25	東海銀行	27	24	安田火災海上保険	22	26	旭化成工業	10	25	監査法人トーマツ	15
27	住友金属工業	26	27	関西電力	21	26	伊藤忠商事	10	27	シャープ	14
28	東京海上火災保険	25	27	シャープ	21	26	日商岩井	10	27	日本総合研究所	14
28	トーメン	25	27	住友海上火災保険	21	26	ミノルタ	10	27	安田火災海上保険	14
30	日興証券	24	27	日本電気	21	26	明治生命保険	10	30	伊藤忠商事	13
31	三菱銀行	23	31	旭化成工業	20	31	第一生命保険	9	30	サントリー	13
32	蝶理	22	31	大阪ガス	20	31	東京銀行	9	30	住友電気工業	13
32	帝人	22	33	塩野義製薬	19	31	三菱商事	9	33	アクセンチュア	12
32	日本板硝子	22	33	三菱商事	19	31	三菱電機	9	33	住友海上火災保険	12
32	富士写真フイルム	22	33	三菱電機	19	35	住友電気工業	8	33	大同生命保険	12
36	住友海上火災保険	21	36	東京海上火災保険	18	35	ソニー	8	33	東芝	12
37	住友化学工業	20	37	住友電気工業	17	35	東洋信託銀行	8	37	JR西日本	11
37	大正海上火災保険	20	37	ダイエー	17	35	野村総合研究所	8	37	積水化学工業	11
37	松下電工	20	37	安田生命保険	17	35	富士通	8	37	東レ	11
38	日本毛織	19	40	藤沢薬品工業	16	35	松下電工	8	37	日商岩井	11
38	日立製作所	19	40	富士通	16	41	近畿日本鉄道	7	41	クボタ	10
38	富士通	19	42	帝人	15	41	JR西日本	7	41	東洋信託銀行	10
43	出光興産	18	42	兵庫相互銀行	15	41	大同生命保険	7	41	三菱電機	10

43	神戸製鋼所	18	42	北陸銀行	15	41	武田薬品工業	7	44	クラレ	9
45	大林組	17	45	日産自動車	14	41	富士写真フイルム	7	44	日本アイ・ビー・エム	9
45	協和銀行	17	46	昭和電工	13	41	三井海上火災保険	7	44	P&G	9
45	安田火災海上保険	17	46	デンソー	13	41	三井物産	7	44	三井海上火災保険	9
48	住友信託銀行	16	46	トーメン	13	48	日立製作所	6	48	MIT	8
48	住友電気工業	16	46	南都銀行	13	48	リコー	6	48	川崎重工業	8
48	積水化学工業	16	46	三井生命保険	13	50	青山監査法人	5	48	京都銀行	8
48	三菱電機	16				50	クラレ	5	48	三洋電機	8
						50	塩野義製薬	5	48	住友倉庫	8
						50	シャープ	5	48	全日本空輸	8
						50	住友ビジネスコンサルティング	5	48	ダイエー	8
						50	大和証券	5	48	大和証券	8
						50	東レ	5	48	大和ハウス工業	8
						50	日本電気	5	48	野村証券	8
						50	三菱信託銀行	5	48	阪神電気鉄道	8
									48	日立製作所	8
									48	ベネッセコーポレーション	8
									48	明治生命保険	8
	合計	1768		合計	1326		合計	692		合計	978
	（就職者総数に占める割合）	50.7%		（就職者総数に占める割合）	48.6%		（就職者総数に占める割合）	64.2%		（就職者総数に占める割合）	44.1%

注）1）順位が同一の場合、企業名の表記は五十音順としている。
2）各時期において合併を経験した企業は、合併後の企業にまとめて就職者数を集計している。例えば、三井住友銀行（1992－2001年）には住友銀行とさくら銀行への就職者数が含まれる。
3）社名に変更があった場合は、変更後の社名となっている。
出所）【[73]】をもとに筆者作成。

業、帝人、住友化学工業、日立製作所、富士通、出光興産、神戸製鋼所、三菱電機であった。この時期の卒業生の多くは、当時の日本のリーディング企業を就職先に選んでいた。

しかし、この時期製造業とともに、卸売・小売業と金融・保険業への就職も人気傾向にあった。銀行の10行を筆頭に商社9社、保険6社、証券2社の合計27企業も卒業生の就職先となっており、それは上位10社に登場した企業名をみても明らかである。

次に、日本経済が安定成長期に入った1974－1986年の上位50社では、前時期に登場した企業は33社を数えた。全体的に高度成長期に比べて、製造業が18社に減少したなか、銀行13行、保険8社、商社6社、小売2社、証券1社の合計30企業が50位内に登場したように，卸売・小売業と金融・保険業の就職人気は続いていた。

ここで前時期からの順位変動をみると，経営学部の学生が日本の経済状況の変化に対応し，就職先を見つけ出していたことがわかる。安定成長期は，石油危機の影響で素材型産業が打撃を受けるなか，加工組立産業は国際的に急成長を遂げた。このことを反映するかのように，順位において製造業のなかでも，素材型産業の低迷と加工組立型産業の躍進という対照的な動きがみられた。つまり，鉄鋼メーカーやガラスメーカー，石油化学メーカーは軒並み順位を落とし，これらの産業中5社が上位50社外になったこと，一方で順位トップの松下電器産業や9位のトヨタ自動車のように，電機メーカーや自動車メーカーは総じて順位を上げ，上位50社内に新規で登場した企業もあった。

そして，注目すべきもうひとつの点は，1980年代に入っていわゆる商社不要論が叫ばれるようになったことを受けてか，商社の人気が低下したことである。この時期，上位50社中，商社は9社から6社に減少し，そのうちの5社は順位を落とした。ただし，同じ卸売・小売業でも，高度成長期からこの安定成長期にかけて高業績を維持させてきたトヨタ自動車販売やダイエーのように，順位を上げた企業もあった。

平成景気といわれる好景気が続いた1987－1991年の上位50社では，前時期に登場した企業は35社を占めた。全体的にみれば，前時期に続いて，電機メーカー，金融・保険業は就職先として人気が高く，これらの産業で32企業を数えた。そのなかでも注目すべきは，銀行への人気であった。上位10社には，トップの三和銀行を筆頭に住友銀行，太陽神戸三井，東海銀行，大和銀行，富士銀行と

6行が銀行であり、全体でも12行が登場した。バブル期に中心的な役割を果たした銀行を目指した学生が多かった。

一方で、この時期には、上位50社に登場した企業の産業には変化がみられた。NTTの通信業やリクルート、野村総合研究所、青山監査法人、住友ビジネスコンサルティングの専門サービス業、近畿日本鉄道とJR西日本の運輸業が新たに登場した。卒業生は非製造業分野において幅広い産業から就職先を選び始めたのだ。さらに、NTTとJR西日本については、国営時代には人気がなく、民営化後に上位50社に登場した。これは、経営学部卒業生の民間企業を志向する姿勢のあらわれであろう【[73] 375頁】。

バブル経済崩壊後の景気後退で新卒採用が一気に縮小した1992-2001年の上位50社の順位をみると[1]、前時期から続いて登場した企業はこれまでにもっとも多い41社となった。就職先として人気の高い産業も前時期と同じで、電機メーカーと金融・保険業に集中した。これらの産業において、上位50社内には電機メーカー10社、銀行11行、証券2社、保険9社の合計で32企業が登場した。さらに、上位20社をみても、そのうちの22社はこれまでに一度は登場したことのある企業でもあった。

ところが、上位50社の中頃から下位の順位をみると、今回始めて登場した企業が16社もあった。もっとも、このうちの9社は、前時期から登場した専門サービス業と運輸業の産業に区分されるが、専門

1　この時期、進路不明者数は前時期に比べて約6倍の376名となった。この数字は、不況に伴い経営学部の学生の就職活動が困難であった可能性を示唆している。

サービス業では5社、運輸業ではJR西日本以外の3社が新たに加わった。さらに、アクセンチュア、日本アイ・ビー・エム、P&Gといった米系外資系企業への就職者もみられた。

このように、経営学部卒業生の就職先上位約50社を約50年にわたってみると、神戸大学経営学部は金融・保険業に属する企業への人材輩出が一貫して多かった。また、すべての時期で就職先上位50社に登場した27社の多くは、関西に本社を置く企業であった。さらに、各時期のランキングでの順位変動にみられるように、社会経済の動向に応じた人材輩出を神戸大学経営学部は担ってきたといえる。

3　大学院生の入学者

大学院経営学研究科は、1953年に日本で最初の経営学系の大学院として開設されて以来、2001年までに修士課程（博士課程前期課程）1,285名、博士課程（博士課程後期課程）539名の合計1,824名の学生を受け入れてきた。

こうした大学院生のなかで、ここでは社会人大学院生を除いた修士課程の入学者850名に注目する。図表8－3は、その期間の入学者数の出身大学と人数を示している。この図表から、大学別でみると神戸大学出身者数がもっとも多く、全体の30.8％を占めていることがわかる。

神戸大学以外で人数の多い20の大学にみられる特徴は、旧制学校時代の高等商業学校の流れを汲み、戦後も経営学の教育・研究に取り組む西日本の大学が多いことである。国立大学では滋賀大学、香川大学、大分大学、長崎大学、和歌山大学、山口大学の6校、公立大学では神戸商科大学と大阪市

〔図表８－３〕　大学院経営学研究科（修士課程・博士課程前期課程）の出身大学（1953－2001年）

（単位：名）

神戸大学出身者（30.8%）	262			
他大学出身者（48.8%）	滋賀大学	34	立命館大学	10
	関西学院大学	29	長崎大学	10
	同志社大学	23	京都大学	9
	香川大学	21	大阪大学	9
	神戸商科大学	19	和歌山大学	9
	横浜国立大学	12	山口大学	9
	横浜市立大学	12	小樽商科大学	8
	関西大学	12	大阪府立大学	8
	甲南大学	11	北九州大学	8
	大分大学	11	その他国内の大学	141
	大阪市立大学	10		
外国の学校出身者（17.6%）	150			
不　明（2.7%）	23			
合　計（100.0%）	850			

注）１）（　）内の%の数値は各大学や学校などの出身者数を合計（850名）で割った値である。
出所）【[73]】をもとに筆者作成。

立大学の2校、私立大学では関西学院大学、同志社大学、関西大学、立命館大学の4校で合計12校を数える。商業教育の伝統をもつ西日本の大学で経営学を学んだ学生が、より高度な教育を受け研究に従事することを望み、経営学を専攻できる数々の大学院のなかから、神戸大学の大学院経営学研究科を選び進学してきたのである。

　また、外国の学校出身者が17・6%を占めているように、入学者の国際化も注目に値する。これは、1987年に留学生の学位取得に関する規定が整備されたことで、1990年代に入り、入学者数が増加したことによるものであった【[73]376頁】。

4　大学への就職

経営学研究科を修了した学生の多くは、大学の教育・研究職に就いてきた。大学への就職は、1981年時点の集計では修士課程の修了者326名のうち217名が確認される。その大学所在地は、近畿が104名と最も多く、次いで中国・四国45名、九州28名、中部17名、北海道・東北14名、関東8名、海外1名の順となっている【[73]368頁】。

さらに、その後から2002年に毎年行われた進路調査によると、大学への就職者数は162名であった。同様にその所在地を確認すると、近畿71名、中国・四国30名、中部18名、関東14名、九州10名、海外10名、北海道・東北9名を数えた【[73]377頁】。これを1981年時点の傾向と比べると、1982年以降は中部以東の関東と海外への就職者数の割合がそれぞれ11・5%から19・7%へ、そして0・5%から6・2%となり、これらの地域への就職者の割合が増えてきたことが注目される。

このように、神戸大学大学院経営学研究科は近畿圏に留まらず全国、さらには海外の大学でも活躍する人材を養成してきた経営学の教育・研究拠点であった。

5　時代に対応した人材輩出

以上の点からして、神戸大学経営学部は卒業生の多くを関西圏に本社を置く有力企業に就職させ、時代や社会に対応した人材を輩出してきたものと評価できる。また、神戸大学大学院経営学研究科は、常に産業社会の現実問題と学問の動向を先取りし、経営学の教育と研究者の養成に取り組んだ。そして、海外も含め、日本全国の高等教育機関で活躍する人材を輩出したのであった。

■学び舎の風景⑬　凌霜会

一般社団法人 凌霜会《りょうそうかい》は、経営学部・大学院経営学研究科を含む神戸大学社会科学系学部・大学院の同窓会組織である。会の名称は、菊をたたえた漢籍にある言葉「凌霜雪而香」（霜雪《そうせつ》を凌《しの》いで香《かんば》し）から、官立神戸高等商業学校初代校長の水島銕也によって命名されたものである。人生の試練に耐えて菊のように香り高く美しかれ、という思いが込められている。

本会は、神戸高商の第１期生が卒業した１９０７年を起点とする同校同窓会として１９２４年に発足し、旧制神戸商業大学、神戸経済大学を経て、現在は経営・経済・法の各学部および国際協力研究科を加えた各研究科、さらにビジネススクール（大学院ＭＢＡプログラム）や法科大学院の卒業（修了）生および在学生を含めて、１万人を超える組織となっており、会員は実業界はもとより、政・官・学界においても活躍している。会の活動の場としては、主要30都市に支部・拠点を構え、さらに東京と大阪には専用クラブ施設も設けており、卒業年次、部活動、ゼミなどで繋がった会員の各種親睦会や、神戸大学教員その他の識者による講演会のほか、ゴルフ、囲碁、俳句などの趣味の会も開催されている。

本会は、会員の公私にわたる人的ネットワークとして、卒業生同士、在学生同士、そして卒業生と在校生を繋ぐさまざまな活動を展開している。卒業生同士を繋ぐ活動としては、メルマガ「凌霜ビジネス」の発行、異業種交流会や異

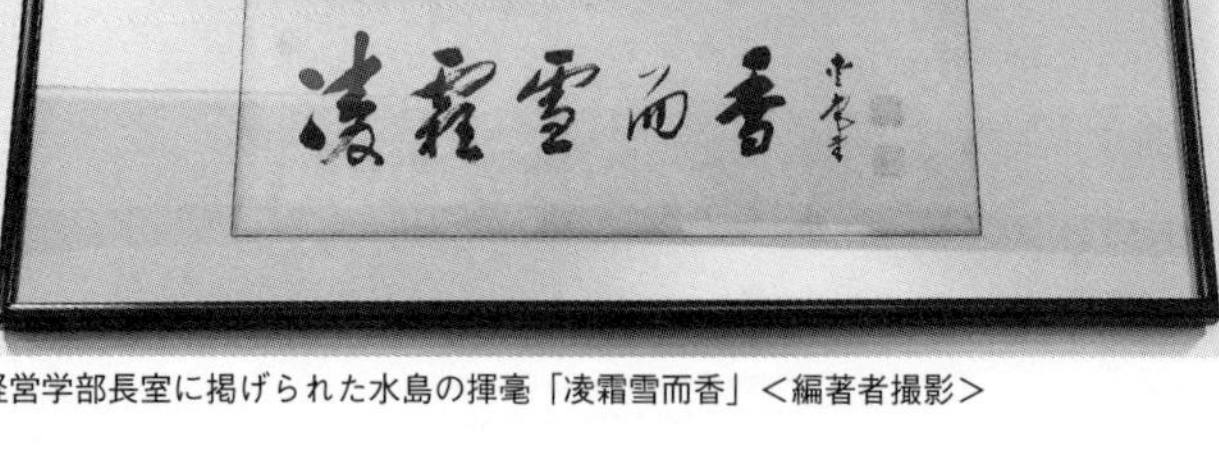

経営学部長室に掲げられた水島の揮毫「凌霜雪而香」＜編著者撮影＞

世代交流会の開催によって、新しい事業パートナーの発見や若手会員の婚活にも貢献している。また近年は、企業が社内の人的ネットワークや多元的情報チャネル形成の手段として社内同窓会を利用・支援する動きが出ており、いくつかの企業ではすでに社内凌霜会が組織され、新入社員歓迎会などの催しも行われている。さらに、共通の職種の会員が所属組織を越えて交流したり勉強会を開いたりもしている。例えば、公認会計士の集まりである凌霜CPA会や、弁護士などの法曹関係者の集まりである凌霜法曹会は、毎年、合格祝賀会などを開催している。他にも、社外役員懇談会、経理財務担当役員・管理職懇談会、人事担当役員・管理職懇談会などの職種別の勉強会もある。

在学生同士を繋ぐ活動としては、新入生歓迎会の開催による仲間づくりの機会の提供、六甲祭（大学祭）、七夕祭、三商ゼミ討論会など学生行事の補助、成績優秀者の表彰、海外留学や海外学会報告の支援のほか、会員による寄附講義「社会科学の実践」を毎年開講し、大学での勉強が実社会でどのように役立つか、あるいは役立てるべきかという生きた経営学を学ぶ場も提供し、在学生の学業および生活の活性化に取り組んでいる。

卒業生と在学生を繋ぐ活動としては、インターンシップ説明会や業界セミナーの開催、人材募集や人材紹介の情報提供、進路や就職の相談、大企業に勤務する若手卒業生と在学生との懇談会も実施している。

本会の活動内容は、年４回発行され２０２０年８月号をもって第426号となる会誌『凌霜』に詳しく記載されている。その内容は、単に会の行事や会員消息の報告・連絡にとどまらず、神戸大学の現状、教員の研究および在学生の活動に関する情報など多岐にわたっている。『凌霜』とその前身である『学友会報』を見返すと、会員の活躍が、商社・貿易、繊維、海運、造船・機械、金融、酒造などの実業界のみならず、政官界、学界、芸術およびスポーツ界にまで広がっていることがわかり、会員個人のエピソードだけではなく、各界の事情や人脈までわかる。これらの記事は、各業界、リーダーシップ、組織行動などの研究にとっての貴重な資料になる。

近年、わが国の大学では、寄附金集めのために同窓会組織を強化する動きがみられる。そのためには、在学生には同窓会に入りたくなる誘因を、そして高校生には入りたい同窓会への入会資格を得るために進学先大学を選ぶという誘因を与える必要がある。同窓会の充実は、大学の競争力の源になるのである。欧米の有力ビジネススクールの志願者は、在学中の教育よりも、そのスクールの同窓会組織に入って人脈を広げることを重視する傾向があり、そのために高額の授業料の支払を厭わないといわれる。有力ビジネススクールの同窓会に入れば、十分回収できるからである。

すでに述べたように、本会はさまざまな人の繋がりと活動の場を提供し、卒業後も職場・職種を越え、世代を越え、人的交流、情報交換・共有のプラットフォームとして機能している。しかし、その役立ちはビジネスにおけるメリットや大学支援にとどまるべきではない。終身雇用制が崩壊し、大学卒業後に就職した職場で一生を終えることが珍しくなり、さらに人生百年時代を迎え、引退後の生活を充実させることが人生設計にとって重要な課題となっている今、会員の人生を生涯にわたって豊かにするために凌霜会の果たすべき役割は、ますます拡大し重要になってきている。

■学び舎の風景⑭　ビジネス界から見た神戸大学経営学部

神戸大学経営学部を選んでいなかったら、今頃、自分はどのような人生を歩んでいただろうか、と思うことがある。両親が離婚し、母一人の収入で育った筆者は、1979年の高校卒業と同時に国家公務員の道を選んだ。当時は第二課程と呼ぶ夜間学部があり、私は経営学部に入学。昼は国家公務員として大阪で働き、毎日、定時で退庁して18時～21時頃までの授業を受けた。神戸の夜景を見ながら学ぶ一時だけが、大学生になることができる時間だった。

1984年に学部を卒業するが、当時の日本企業や日本的経営は世界から注目されていた。バブル経済に突き進み、「24時間戦えますか」という勇ましいCMのコピーが流れていた。日本企業やビジネスパーソンは自信に溢れ、このままずっと企業成長が続くものと信じていた。そのため、経営を学ぶことに時代の先駆けのような感覚を抱いていた。パラダイムの転換やQWLという言葉を知ったのは、この頃である。しかし、その一方で、現実社会、勤めている組織と学んでいる内容は違う、どこか遠い外国の話のような感覚があった。それを、「理想は理想。現実は違う」と、割り切っていた。

今だから、当時の先生方に聞いてみたいことがある。勤労学生は生意気ではなかったか。大した社会経験もないのに、「経営学と実際は違うんですよ」「教科書の理論と現実は合っていません」といった声を、そのまま先生にぶつけていた。それは、勤労学生にとっての職場での不満であったり、満たされない欲求のはけ口だったりしたのかもしれない。職場の上司とは違って、先生への遠慮は微塵も無く、不躾な、ストレートな思いを吐き出していた。

それでも、先生方は、乏しい経験しか持ち得ていない学生の意見に耳を傾け、受け入れてくれた。そして最後には、「もっと学習を続けてみたらどうか」と促してくれた。考えを押し付けるのでもなく、正すのでもない。寛容に受け止めてくれた。もし、この時に、頭ごなしに意見を否定されていたら、勤労学生は心が折れ、大学に通い続けることはできなかっただろう。お蔭様で、5年間の就学を終える頃には、「もっと経営について深く知りたい」「もっと経営を学びたい」という欲求が湧いてきていた。それは、もっと学べば何らかの解を見出すことができると考えたからかもしれないし、職場経験だけでは見ることができない未見の世界が、そこにあったからかもしれない。

筆者は30歳を前に公務員を辞め、経営コンサルタント会社に転職した。経営コンサルタントになって、企業の内部事情を知り、経営課題の解決に没頭した。経営コンサルタントの仕事に新たな価値を見出したのは、神戸大学経営学部での経験があったことは間違いない。問題のない企業はなく、企業を知れば知るほど「経営はおもしろい」と感じるようになっていった。

元号が平成に替わり、バブル経済が崩壊し、神戸は大震災にも見舞われた。金融機関の破綻が相次ぎ、企業は生き残りを賭けて変わろうとしていた。企業だけではなく、働く一人ひとりが何かを変えなければ生き残れない危機感を持っていた。筆者は5年間勤めた会社を辞めて、経営コンサルタントとして独立をした。会社で得た知見とノウハウをもとに、「何とかやれる」との思いだった。ただ、それだけでは過去の延長に過ぎない。変化や変革のためには、もっと強いエネルギーが必要だった。１９９８年、筆者はその力を神戸大学大学院経営学研究科に求めた。

社会人学生はビジネスの最前線で働いている者ばかり。多様性があって、どの人の経験談を聴いていても面白かった。プロジェクト研究で仲間と議論を交わし、レポートにまとめて発表をする。再び仕事をしながら学ぶ濃密な日々が訪れた。インターネットという新しいツールを使い始め、エスノグラフィなどの定性的方法論を知り、調査や研究の方法論の多様さを知るだけで新鮮だった。ビジネスの現場にはない世界がそこに有った。

出光佐三記念六甲台講堂前にて話し込む学生たち
＜神戸大学経営学部提供＞

ビジネス界では絶えず最前線での戦闘を繰り広げているが、最前線にいるからこそ目の前の事象がすべて、との狭い視野、狭隘な世界に入り込んでしまう。目の前の課題をクリアすることに精一杯になり、理想を忘れ、妥協をしていく。しかし、大学院では、仲間と「あるべき論」を交わし、理想を追求した。いや、理想を追う大切さに気付かされたのだ。現実を直視はするが、もっとあるべき姿を求めた方が良いのではないか、現実に引きずられて理想を失ってはいないか、これからの経営には何が必要か等、経営のあり方について思考した。

大学院を修了して20年が過ぎた。今、経営学部・大学院は、どのように変化、進化しているのか。ビジネス界と同じ世界では魅力が無い。学びは現場でもどこでもできる。神戸大学経営学部・大学院は、前線で戦う気力を養い、奮い起こすことができる場所、新たな気持ちでビジネスに向き合うためのパワースポットのような場所であり続けて欲しいと願う。

六甲台本館（中庭側）
イラスト／松村琭郎

Ⅱ　教育研究分野の展開

六甲台本館１階の中央階段付近
イラスト／松村琭郎

第9章

アカデミア発の実践的叡智
—経営戦略—

平井（左）・市原の師弟<出典：[14]>

1　基本設計図としての経営戦略

経営戦略は、企業の将来の方向性に一定の指針を与える基本設計図である。企業が長期の存続と成長とを実現するには、日常的な決定を適切に行うだけではなく、環境変化と競争による不確実性から生じるリスクに対して、中長期の視点から組織としての活動指針を必要とする。

経営戦略は、１９６０年代半ばに台頭し、60年代後半から70年代にかけて確立された研究分野である。１９６０年代は、アメリカ企業が製品や市場を多様化させて事業の多角化を推進し、その多角化を成長の駆動力として長期経営計画の一環に位置づけた時期であった。事業がライフサイクルを辿る以上、企業の存続と成長は新事業開発による多角化を必要とし、経営戦略は、企業成長の基本的な方向性の決定に焦点を合わせて研究された。

経営学の分野で戦略の概念を認知させたのは、経営史家のチャンドラーである。事業部制組織の出現を歴史的に分析して「組織構造は戦略に従う」という命題を提示し、戦略を策定と実行の２つの側面に分け、その中心的課題を事業あるいは製品ラインの多角化の決定として捉えて、戦略的意思決定を日常の諸活動に関する戦術的意思決定と区別した【[149]】。

実践的視点から概念的な枠組みを示したのは、航空機製造企業ロッキード社（Lockheed Corporation）でプランニングスペシャリストの勤務経験を持つアンソフ（H.I. Ansoff）である。企業の主な意思決定を戦略的、管理的、業務的に区別して戦略的決定を企業と環境との関係を確立する決定とし、事業あるいは製品、市場の選択である多角化に関する決定を中心として位置づけた【[147]】。

　1970年代に入ると、多角化した事業の管理と諸事業間への資源の配分が経営課題となって、事業ポートフォリオのマネジメントが戦略の内容に付け加わる。ボストン・コンサルティング・グループが、投資資金の配分を合理化するための手法として、プロダクト・ポートフォリオ・マネジメント（PPM）を開発し、それ以降は分析的戦略の策定が全盛期を迎えた。

　事業ポートフォリオの新陳代謝を通じて成長を図る脈絡において、全社的な事業構造に関する全社戦略（企業戦略）とともに個別の事業分野での競争に対応する事業戦略の研究が進み、ハーバード・ビジネス・スクールのポーター（M.E. Porter）による競争戦略論が新しい分野として確立した【[155]】。70年代後半には、組織的な文脈の中に経営戦略の策定から実行までを位置づけようとする戦略的経営の考え方が台頭した。経営戦略は、経営組織と密接に関連して議論されるようになり、現在の調査研究に大きな影響を及ぼしている。

　「経営戦略とは何か」という問いに対して、統一された見解があるわけではない。ミンツバーグ（H.B. Mintzberg）らは、経営戦略の形成プロセスの特徴から分析の視座を10の「スクール」[1]に整理した【[154]】。日本では、一橋大学の沼上幹《ぬまがみつよし》（1960－）が、1960年代の戦略計画学派、70年代の創発戦略学派、80年代のポジショニング・ビュー、90年代のリソース・ベースト・ビュー、2000年代のゲーム論的経営戦略論として戦略観と時代の変遷との対応を整理した【[105]】。これらの戦略観は、いずれかに基づくと他が採れないという排他的な関係にはない。環境の中の機会と脅威ならびに経営資源の各々に主眼を置く戦略観を複眼的に採るのが、企業経営の現実であろう。

経営戦略は、行政組織、病院、大学等の固有の目的を持って活動する様々な組織でも必要とされる。組織の存続や成長の基本方針、全体計画としての戦略の重要性は、実務家に広く認識され、それが大学における研究と教育に影響する。経営戦略は、アカデミアと問題意識の高い経営者、管理者の間で情報や知識が相互に浸透することで進展する分野である。

2　社会人大学院の中核となる教育研究分野

神戸大学における経営戦略の研究と教育は、日本の経営学の先達として研究と教育を担った平井泰太郎の経営学第一講座を源流とする。経営学第一講座は、ドイツ経営学の権威として学内外で広く研究と教育を先導した市原季一が継承し、1964年に経営学総論講座と名称変更して長く経営学部の基幹講座となってきた。

しかし、1988年11月に市原の後継者として、加護野忠男が経営学総論講座の教授に就任し、平成の時代が到来するとともに大きな転機を迎えた。神戸大学の社会人大学院（MBAプログラム）が、1989年に社会人大学院生17名の入学によって実質的にスタートするのである[2]。

平成元年となった1989年は、4月1日に日本で初めて3％の消費税が導入され、12月9日の東京証券取引所大納会で日経平均株価が史上最高値の3万8，975円を記録した、日本の税制の転換点であり、バブルの絶頂期でもあった。同時に、アメリカの軍事・学術用の通信ネットワークNSF-Netが、商用ネットワークと接続を開始して、本格的なインターネット時代が幕開けした年であった。

東芝が世界初のノートパソコンであるDynabook J-3100SSを発売し、ソニーによるコロンビア映画の買収や三菱地所によるロックフェラーセンタービルの買収が発表され、日本企業のハリウッドやニューヨークでの行動が、アメリカ社会で経済活動を超えた意味を持ち、一種のハレーションを起こしたことも記憶に新しい。

社会人大学院は、日本企業を取り巻く国内外の環境が大きく変化する中で船出したのである。設置申請の段階から関西の主な経済団体の支持を得て、当初は財界からの拠出金に財源を依存したものの、１９９１年に大学院経営学研究科独立専攻の日本企業経営専攻（修士課程）として認可された。経営戦略講座は、その際に経営学総論講座を母体として改組され、１９９２年の講座編成表に位置づけられた。これ以降、神戸大学の教育研究分野として急速に確立されていった。

1　10のスクールと戦略形成プロセスの特徴は、規範的特徴を持つ、デザイン・スクール（コンセプト構想プロセス）、プランニング・スクール（形式的策定プロセス）、ポジショニング・スクール（分析プロセス）の3スクール、記述的特徴を持つ、アントレプレナー・スクール（ビジョン創造プロセス）、コグニティブ・スクール（認知プロセス）、ラーニング・スクール（創発的学習プロセス）、パワー・スクール（交渉プロセス）、カルチャー・スクール（集合的プロセス）、エンバイロメント・スクール（環境への反応プロセス）の6スクール、ならびに他の9つのスクールの包括、統合で「さまざまなスクールを結びつけるスクール」のコンフィギュレーション・スクール（変革プロセス）である【[154]訳5－8頁】。

2　筆者は、経済学部（27期生）新野《にいの》幸次郎《こうじろう》（１９２５－２０２０）研究室に学び、企業勤務を経て、博士後期課程の大学院生として加護野研究室に在籍し、六甲台の三木記念館で社会人大学院生と机を並べた。当時の熱気に満ちた議論を鮮明に記憶している。

1999年の大学院重点化に際しては、経営政策科学大講座の教育研究分野となり、2002年の専門大学院の設置によってビジネスポリシー講座の教育研究分野として配置された。専門大学院は2003年に専門職大学院となり、神戸大学の社会人大学院教育の中核となっている。次に、講座主任教授に焦点を合わせて、研究と教育の潮流を少し詳しく見ておこう。

3　「水島精神」を受け継ぐ「種を蒔く人」

平井泰太郎は、神戸高等商業学校卒業後に東京高等商業学校専攻部へ進学し、1920年に修了して母校の講師に迎えられた。商業実践の立場から商工経営や会計学を講じ、1922年から3年余りの間、ドイツを中心に留学して転機が訪れる。企業経営のあり方や実践を体系化する学問として経営学を研究し、帰国後の1926年から経営学の講義を始めた。これが日本初の経営学の講義となった。1929年の神戸商業大学への昇格の際、経営学科目として経営学総論、経営業務論、経営財務論、経営労務論が設置され、平井は、経営学総論と経営業務論を担当した。

1949年の新制神戸大学発足時に平井教授、市原助手の体制でスタートした経営学第一講座は、1953年の講座体系の完成時に平井教授、市原助教授の体制となった。

平井は、神戸の経営学を代表する研究者、教育者であり、同時に日本の経営学の「種を蒔く人」であった。他方で平井は門下生から「種を播く人」を贈名された【[118]・[140]93頁】。平井自身、1946年に神戸経済大学附属経営学専門部が設置され、自らが専門部長に就いた際の経緯を記した文章で、「工業経営、農業経営から組合経営、公社経営、官庁経営等々まで『経営』と公約数でくくる方が、正当であり、語法にも適う」とした【[143]108頁】。現在、経営学関連の研究教育組織は隆盛を極め、平井の先見性は際立つ。

京都大学の山本安次郎《やまもとやすじろう》（１９０４－１９９４）は、戦前の軍部が営利主義の権化として忌み嫌い、排斥しようとした「商業」に代わり、平井は「経営」の有用性を主張した慧眼の持ち主であるとし、「まさにエポック・メーキングな経営学部時代を作った人として、その功績は、わが国経営学史上永久に残るであろう」【[140]91－92頁】という最大級の賛辞を贈っている。

学外の活動でも、日本経営学会設立に参加し、五常務理事合議制の下で常務理事を務め、理事長制となった後は、１９４７年から１９４９年まで第二代理事長として草創期の学会を牽引した。

平井については、本書第１章で詳述されており、ここでは、加護野による「平井は、経営学部の前身である神戸高等商業学校の初代校長水島銕也を学校経営者として描いている。実際に平井は、この『水島精神』を受け継いで経営学の必要性を主張し、経営教育に積極的に取り組んだ。水島と同じように、経営にとって大切なのは『一に人材、二に資本』という考え方を持っており、経営学の研究だけでなく、教育にも熱心に取り組んだ」【[73]384頁】という研究教育活動の叙述を紹介することでとどめたい。

4　ドイツ経営学の権威

市原季一は、平井の後継者として神戸経済大学助手、新制神戸大学の講師、助教授を経て、1961年に経営学第一講座の教授に就任した。経営学第一講座は、1964年に経営学総論講座へと名称変更され、1973年に市原教授、加護野助手の体制となった。

市原は、1944年9月に神戸商業大学を繰り上げ卒業して実業界に身を置いた後、学問の世界を志して再び平井研究室の門を叩き、1948年に神戸経済大学助手に就いた。諸外国の研究動向を把握して、日本における経営学の方法論を確立するために、ドイツで発達していた経営学の全体像を徹底的な文献考証を踏まえて研究し、ドイツ経営学への学史的なアプローチによって多くの成果をあげた。

ドイツ経営学の体系では、Betrieb（経営）の領域が、最初に経済学的思考で捉えられて経営経済学が成立し、次いで経営心理学、経営工学、経営社会学が登場して、経営史に関する研究が活性化していった。市原は、精力的に研究を進め、『ドイツ経営学』【[8]】、『ドイツ経営政策』【[9]】、『西独経営経済学』【[10]】、『西独経営社会学』【[11]】、『経営学論考』【[12]】として

書斎でくつろぐ市原＜出典：[14]＞

成果を次々と公刊した。これらの業績は、市原季一著作集『ドイツ経営学研究』全5巻【〔13〕】に纏められている。

市原は、ドイツ経営学の権威であり、きめ細やかな神経を持つストイックな研究者であった。だが、海外の理論の解釈学的研究の限界を十分に理解し、柔軟な思考と大局的観点を失わなかった。門下生を研究者仲間として遇して上下の隔てなく議論し、市原研究室が輩出した数多くのドイツ経営学の研究者は、全国の大学で経営学に関連する講座を主宰した。

しかし、市原の後継者には、経営管理学講座の占部都美の研究室で、学部から修士課程まで研鑽を積んだ加護野が助手として採用される。市原は、自らが経営学の研究を深めていった時代とは異なって、経営学が日本の大学における社会科学の教育研究分野として一定の確立をみたとの認識の下、加護野のアメリカ留学を後押しする。ドイツ経営学に拘ることなく、自由な発想と研究テーマの選定によって研究業績をあげるように勧めたのである。

市原の視点は、加護野の経営学者としての長いキャリアを見据えたものであった。現在、コーポレート・ガバナンスを研究する加護野は、市原がドイツの経営諸学説の研究、とりわけニックリッシュ学説に再び光を当てて共同決定法と関連づけ、ドイツのコーポレート・ガバナンス制度と労働者の経営参加の研究を進めていたことから、助手の時代に市原の下でこのテーマに制度的な視点から取り組もうとする。だが、若いときは答えの出るテーマをやる方がいいと市原に諭され、コーポレート・ガバナンスの問題を棚上げにしたと述懐している【〔47〕】。市原は、常に「晩年の研究は初期の研究に戻る」と語っていたと言う【〔29〕122頁】。

市原（右端）とゼミ生たち＜出典：[14]＞

市原は、草創からの過渡期にあった日本の経営学を大学における社会科学の重要な教育研究分野として確立させるため、先導的に活動して経営学の発展に貢献した。学内では、研究と教育の中心となってゼミナールから数多くの卒業生を送り出した。学外では、１９７４年から１９７７年まで日本経営学会の第5代理事長に就任して学会の50周年記念事業を主催し、１９７５年から１９７８年までは日本学術会議第10期会員となった。だが、１９７９年8月３日に57才で急逝する。神戸大学は言うに及ばず、日本の経営学にとって大きな損失であった。

5　経営戦略講座の確立と実学の叡智

加護野忠男は、経営学部学生（18期生）、修士課程の大学院生時代を通じて占部研究室に所属した。１９７２年に修士課程を修了した後、博士課程に進学して市原研究室に移り、１９７３年に経営学総論講座の後継者を期待されて助手に就いた。講師、助教授を経て市原の急逝後も研鑽を積み、１９８８年に経営学総論講座の教授に就任した。

加護野は、講師時代に経営組織の環境適応の実証分析に基づく研究書【〔44〕】を上梓し、助教授に就いた後は、研究者の横の関係を活かして大学の枠を超えた調査研究を積極的に実施した。当時の経営学界は師弟関係が強固であり、異なる大学の研究者による共同研究は珍しかった。

後に日本発の知識創造理論の中心となる野中郁次郎には、野中が神戸大学で開かれた組織学会で報告を終えた直後に、慶応義塾大学の奥村昭博《おくむらあきひろ》（１９４５－）とともに共同研究を直接申し込み、実証研究を通じた概念、理論の構築とその測定という流れを明確にした、組織論研究の方法論の集大成となる共同研究の中心となって１９７６年にその成果【〔107〕】を公刊した。野中は、加護野と全身全霊で向き合い、２人が5人の研究チームの核となって研究を進めたことを述懐している【〔106〕】。

１９７９年からは、ハーバード・ビジネス・スクールへ留学する。コンティンジェンシー理論の代表的な研究者ローレンス（P.R. Lawrence）と親交を深め、日米企業の経営を比較する素地となる研究を温めた。だが、市原の急逝によって1年余りで帰国を余儀なくされる。

帰国後まもなく、占部研究室の先輩にあたる、神戸大学経済経営研究所の吉原英樹の紹介で、吉原や一橋大学の伊丹敬之らと日本企業の多角化に関する初めての本格的実証研究を進め、１９８１年にその成果【〔142〕】を公刊した。１９８３年には、アメリカ留学で現実味を帯びた日米企業の経営比較に関する実証研究を野中らと４人で実施し、企業の環境適応の４類型と背後にある一般理論を導き出して、その成果【〔49〕】は英語版も出版された。経営学の理論的な発展に意欲を持ち、企業における創造と革新について認識論の視座から研究を進め、その成果【〔45〕】を１９８８年に公刊して経営戦略研究の新しい地平を切り開いた。

　世界最高水準の研究が期待できる大学に対して、2003年度から開始された文部科学省21世紀COEプログラムでは、「先端ビジネスシステムの研究開発教育拠点」のリーダーとして、日本企業の国際競争力を高めたビジネスシステムの中に日本独自のものがあるとの仮説に立って体系化を試み、神戸発の世界に誇れる経営理論の開発と発信に取り組んだ【[50]】。経営学分野では、神戸大学は東京大学、一橋大学とともに3つの拠点のうちの一つを形成した。

　神戸の21世紀COEプログラムは、事後評価結果で「日本型ビジネスの世界的研究拠点を確立し成果を世界に発信するという本拠点の目的は十分に達成されており、研究の成果、教育効果ともに高く評価する」とされ、「若手研究者のみならずシニア研究者層の研究意欲を高め、アクティビティを引き上げることに成功したことは特筆に値する」との最大級の評価を得た【[101]】。

　加護野は、学部ゼミナールから多くの卒業生を社会に送り出したが、大学院生の大半は学外出身者で学部出身者は数えるほどしかいない。門下生との共同の調査研究を通じた教育に取り組んで成果をあげ、経営戦略と経営組織の分野を中心に数多くの研究者を育てた。院生、社会人院生が関心を持つ広範な研究テーマを指導し、門下の研究者の研究テーマは多様性に富み、全国の大学で経営学の研究と教育を担っている。

　経営史学会会長であった大阪大学の宮本《みやもと》又郎《またお》（1943－）、大阪商工会議所会頭らと2002年設立の企業家研究フォーラム発起人代表となり、2005年から2009年までは組織学会会長を務め、関西の産学連携と日本の経営学の発展に大きく貢献した。懐深く大人の風格を備えた研究者の加護野が、学会のみならず実業界からも強く支持され、経営学の泰斗と呼ばれる所以であろう。

加護野が確立した経営戦略講座には、先人による実学の叡智が込められ、2004年から教授に就いた三品《みしな》和広《かずひろ》（1959－）が継承して現在に至る。三品は、一橋大学商学部から同大学院を経てハーバード大学文理大学院の博士課程で学び、Ph.D.を取得した。ハーバード・ビジネス・スクールで助教授を務めて1997年に帰国した後、北陸先端科学技術大学院大学を経て2002年に招聘された。

日本企業の経営戦略を国際的視点から分析する三品は、神戸のスタッフの中で発信力の強い研究者の1人である。上場企業の巨大なデーターベースを構築し、多くの日本企業が戦略不全に陥ったことを解明した研究成果【127】を公刊した。事業の長期収益を決定する要因を研究し、経営戦略論としては、ビジネスシステムを議論する前に事業立地の検討が必要であるとする。

三品の研究室からは、市原や加護野とは異なって研究者は殆ど輩出されていない。だが、研究者を第一義に据えるのではなく、教育者であると自認する三品のハーバード仕込みの講義と研究指導は、学部と大学院の卒業生から高い評価を得ており、とりわけ「神戸方式」と呼ばれるプロジェクト型の社会人大学院の授業を活性化させている。

兼松記念館
イラスト／松村琢郎

第10章

組織づくりとマネジメント
—経営組織・経営管理—

退官前ごろの占部<加護野忠男氏提供>

1　アメリカ経営学の系譜

本章では、経営管理講座の講座史について述べていく。講座史といっても、のちに触れるように経営管理という名前が神戸大学経営学部の講義要綱に登場するのは、昭和40年代（1965年以降）になってからである。経営管理学講座に関して言えば、占部都美が最初の主任教授であり、その後金井壽宏、鈴木《すずき》竜太《りゅうた》（1971-）と3代に渡って引き継がれている講座である。本章では、経営管理学講座が生まれる前から前史として触れ、その後の経営管理学講座の授業内容を中心に講座の歴史を振り返る。

本講座の特徴の一つは、アメリカ経営学の色彩を色濃くもつ講座であることであり、経営学分野がドイツ経営学からアメリカ経営学へと主流が動いてきた中で生まれた講座である点であろう。その点では、時代に合わせて流行を追いかけてきた講座という側面もあると考えられる。もう一つの特徴はそれに伴って、人間の営みとしての経営学を意識している点にある。のちに述べるが、金井から鈴木へと進む上でその色合いはより個人レベルの行動科学的な色彩を強くしている講座である。また広範に経営学の研究を行った占部も意思決定や行動科学の経営学における重要性を著作などからは見出すことができる。

本章では、上記のような背景を受け、アメリカの経営学の動向を参照しつつ、講座主任教授の研究関心や授業での内容を紹介していくことでこの講座を振り返ることにしたい。

2　経営管理講座前史

経営管理という名称がついた講座は１９７３年に生まれる。それまでは経営形態論という講座名であったのが１９７３年に経営管理学講座へと改称される。その際の変更申請理由には次のように書かれている。

従来の経営形態論は、企業の本質を資本収益性の原則を具体化し、構造化した経済制度として捉える制度的方法によって企業の行動とその具体的な構造を究明しようとする企業の理論をなしていた。しかし最近においては、企業行動の実証的な解明のためには、行動科学、意思決定論、コンピュータシミュレーションの研究方法を用いる経営管理学がより重要であると認識されている。かくて、経営管理学にたいする研究教育の社会的要請が高まり、そして、経営形態論講座担当者の教育研究も、従来の経営形態論よりは経営管理学としての業績が増加してきている。このような事情を考慮して、講座名の変更を希望するものである。なお、経営管理学の基礎理論として、従来の経営形態論の科目を同講座の中に包括するものである（「経営学部決裁文書」１９７１年）

この改称をもって正式に経営管理学講座が発足することになる。しかしながら経営管理という用語が含まれる授業科目は講義要綱を紐解くとこの改称以前からあることがわかる。第２章でみたよう

竹中、六甲台本館玄関前にて＜出典：[143]＞

に、戦前にも経営管理という講義名称はみられるが、戦後最初に現れるのは1961年度の前期で経営学特殊講義の中に経営管理論が文字として登場する。その後1965年度に経営学部の講義として経営管理論の名称で講義が開かれ、1966年度には第二課程の授業科目として経営管理論授業が開かれることになる。

　では、経営管理学講座が開設される前の講座はどうであったのか。経営管理学講座の源流は経営学第二講座にある。第二講座を長らく担当されていたのは竹中龍雄であった。平井泰太郎が担当していた経営学第一講座が経営学総論として経営学の意義や現状という経営学そのものについての講義であるのに対し、第二講座では組織形態についての講義内容であったと思われる。占部はこの第二講座の助教授として着任している。

　その後、経営形態論は第二講座から分かれる形で1953年に新しい講座になる。経営形態論は、1963年に経営学第三と公益企業経営に分かれるまで、竹中が教授、占部が助教授であったが、分離時に竹中が公益企業経営の講座に移り、占部が経営学第三の教授となった。この経営学第三は翌年に経営形態論の名称に戻り、1973年に経営管理学となるまで経営形態論の講座は続いた。なお、公益企業経営の講座は、その後、佐々木《ささき》弘《ひろし》（1938－）→水谷《みずたに》文俊《ふみとし》（1957－）→中村《なかむら》絵理《えり》（198

4－）と引き継がれることになる[1]。

占部による経営形態論は、最も古い記録である1958年度の講義要綱からは、いわゆる手工業から株式会社へと企業形態が近代において変遷していくプロセスを追いながら、企業の本質、特に株式会社という制度の特徴に関する講義であったことがわかる。竹中がのちに公益企業経営の講座を開くことを鑑みれば、公益企業や公企業から私企業へと占部の関心が移り、経営形態論の講義内容もそのように変遷していったと推察される。その後経営形態論は、経営管理論が講義名として登場する1965年度から1974年度まで経営管理論と交互に開講されることになり、先に述べたようにこのプロセスにおいて講座名称が経営形態論から経営管理学へと変更がなされることになった。

3　経営形態論から経営管理学へ

最初の経営管理学講座の主任教授である占部が経営管理論を担当したのは、1965年度から1971年度までの間である。1974年度までは隔年で経営形態論と交互に開講され、1975年度以降は、隔年で経営学総論と交互に開講されていた。講義要綱などからわかる講義内容から占部による

1　占部が助教授に着任した1952年は経営学第二（竹中教授・占部助教授）と経営労務論（古林教授）の講座であったが、翌年には経営学第二（古林教授）と経営形態論（竹中教授・占部助教授）の講座となっている。講座教授を鑑みるに、1952年の経営学第二講座では経営形態論が、1953年には同講座で経営労務論の内容が教えられていたと推察される。

経営管理論の授業を見ていくことにしよう。

まず1965年度の講義要綱から講義内容を見ると、この年度の講義は1957年に発行された『近代経営管理論』をもとに構成されていることがわかる。初回に経営管理論の課題という形で経営管理論の守備範囲が示されたのちに、テイラーの科学的管理法やファヨール（H. Fayol）の管理論といった古典的研究について触れられる。その後実践的な意味合いが強い、経営管理の職能（いわゆるジェネラルマネジャーの職能）についての姿が概念的に紹介されたのちに、全社的なマネジメントである経営政策や主に組織構造に関わる経営組織について触れられる。ここでは、機能別組織や事業部制組織といった組織形態だけでなく、取締役会や常務会についても触れられている。また最後には経営者の社会的責任についても触れられ、組織形態論において株式会社について多く研究を残してきた占部らしい講義となっている。

一方で、のちに占部が研究を行うバーナードやサイモンなどの意思決定論の近代経営組織論に関わる部分はまだ触れられていない。加護野・金井によれば、占部がはじめてバーナードの*The Functions of the Executive*【[148]】に触れたのは、ピッツバーグ大学留学時代であったとされる【[48]】。占部がピッツバーグへ留学していたのは1950年から1951年の間であるから、経営管理論を担当する時にはすでにバーナードやサイモンに触れていた。授業内容としては大きく触れないものの、水面下では着々と新しい管理学の準備がなされていたと考えられる。あるいは、講義要綱では自著である『近代経営管理論』に基づいて書かれているものの、実際の講義では最新の研究内容を触れていたかもしれない。

１９６６年に出版された『近代管理学の展開』【〔20〕】では、バーナードからマーチとサイモンへの近代組織論、経営管理の展開について書かれている。１９６７年度の講義ではこの書籍を用いた講義がなされている。その後、マーチ＝サイモンの近代組織論に依拠しながらも、それまでの経営管理や当時アメリカで急速に研究が進んだモチベーション論やリーダーシップ論などの組織行動論を含んだ経営管理論の体系を表した『経営管理論』【〔21〕】が出版されたのが１９６８年である。本書は１９８４年に新訂版が発行され、その後、長年にわたり経営管理論の基本書籍として位置づけられることになる。

サイモンによる *The New Science of Management Decision* が発行されたのが１９６０年である【〔158〕】。この書籍の内容が講義要綱に登場するのは１９６９年度である。当時は研究と講義が密接に繋がっていた時代ではあったが、それにしてもインターネットなどが発展した今ならいざ知らず、アメリカでの最新の研究が数年後には学部の講義で丁寧に紹介されていることは驚きであり、まさに世界最先端の経営管理の講義を行っていたと言える。なお『経営管理論』【〔21〕】に関しては１９７９年度まで教科書として使われ、占部が担当する最終年となる１９８１年度には、出版されたばかりの『近代管理論』

占部訳『日本の経営』[146]。本の傷みから多くの学生たちの愛読が窺える＜神戸大学附属図書館提供＞

【〔26〕】が用いられている。

4　行動科学としての経営管理

占部が1981年度に最後の経営管理論の講義を担当したのち，占部の門下でもあり経済経営研究所に所属していた吉原がしばらくの間経営管理論を担当している。その後，講座の後継でもある金井が経営管理論の授業を担当したのは，1990年度が最初となる。講義要綱には，経営管理についての金井の考え方が（講義要綱にもかかわらず）丁寧に述べられている。そこでは，経営管理の基礎的な知識として占部の『経営管理論』【〔21〕】をテキストとして指定しつつも，アメリカのユナイテッド・テクノロジーズ・コーポレーション（United Technologies Corporation）がウォール・ストリート・ジャーナルに掲載した意見広告を書籍化した『アメリカの心』【〔160〕】を副読本として指定し，随時教材を配るなど，占部を踏襲しつつも新しい経営管理を講義の中に取り入れていることが窺える。特に特徴的なのは，より人間科学としての経営管理を強調している点である。

1990年度の講義要綱には次のような文章がある。

経営管理学の古典を人間科学の古典と結びつけ，一見近寄り難くそびえ立っているように思えるこの研究分野の歴史を，できる限り身近な現実に結びつけて，個人の発達，その基盤にある人間観，集団のもつダイナミズム，その基盤にある集団観，組織の部門化の有り方，その基盤にある組織観などのなかに、参加者の皆さんとともに手探りし発見・再発見してゆきたいです。「人びとが協働する」という姿のすばらしい面とムリのある面を、議論を通じてしっかりと見つめ、個人ひとりひとりが生き生きしているから協働しているという、新しい「管理」のあり方をみつけましょう。（「講義要綱」1990年度）

ここには、占部の経営管理を引き継ぎながらも、新しい経営管理のあり方の金井の考えを見ることができる。それは、人間が働く場としての経営組織という考えである。占部は、アメリカ経営学の流れそのままに、効率的だけでなく感情的な側面を考慮して経営管理のあり方を考えてきた。そこでは、経営管理はあくまで当該経営組織の成果に結びつくことが経営管理の目的であった。

金井の経営管理は、それだけに止まらず、働く場として人間が人生の時間を費やす場としての経営組織・経営管理の要素を重んじている。研究分野とすると、経営組織の中でも組織の中の個人により焦点を当てた組織行動論に軸足を置くことになる。1992年に金井は『ニューウェーブ・マネジメント』【［52］】を出版するが、そこでは古典を振り返りながら、その中に人が協働する場としての経営組織・経営管理のあり方を再発見している。

その後、金井はキャリア・マネジメントやリーダーシップの持論と育成といったより組織の中の個人の長期的な成長の側面に研究の焦点を当てていくことになるが、人を管理するという言葉の直接的な意味合いを超え、働き手にとってもより良い形での経営管理を模索していることが窺える。なお、1990年度には授業科目名は経営管理論であったが、次年度は学部講義科目の単位数が4単位から

2単位化されたことに伴い、ほぼ同内容の講義を2分割した経営行動科学と経営管理が隔年で開講されることになる（さらに1993年以後は「経営管理」に一本化された）。

金井は経営学研究科長・経営学部長となる2010年度まで経営管理を担当することになる。1997年度の講義要綱では、個人の学習やキャリア、リーダーシップ・スタイルに加えて、事業部制組織やコーポレートガバナンス、組織間関係やチェンジ・マネジメントといったトピックが授業計画に並び、学説の発展に沿ってそれらが紹介されるというよりは、トピックのレベル（個人に焦点を当てているものか、集団あるいは組織に当てているものか）ごとに紹介し、最後にラップアップとして学説の流れを講義する形式をとっている。

実際の経営組織の複雑化に伴い経営管理論が取り扱う分野は、官僚制組織や職能別組織のような組織の構造に着目する古典的な研究やマネジャーが実際に人をどのようにマネジメントするのかといった人間的な側面にとどまらず、組織間の関係や組織の変革、技術のマネジメント、人事制度といった後半な経営組織に関わるテーマを取り扱うことになり、学術分野としてはマクロ組織論とミクロ組織論やテクノロジー・マネジメント、人的資源管理論のように細分化がなされ、もはや経営管理論という形で体系的に論じることが難しくなった。その中で、経営管理論のイシューに関わるトピックのうち、より人に対するマネジメントのトピックを経営管理学講座においては中心に置かれるようになったと考えられる。

5　これからの経営管理

すでに述べたように、経営管理というイシューは、極めて広範なトピックを扱う学問分野となり、学問分野の細分化に伴い、体系的に見渡すことが難しい学問分野となった。その中で神戸大学経営学部の経営管理講座はより組織の中の人間行動に焦点を当てた内容へと焦点を当ててきた。現在の経営学の分野構成から考えると古典を紹介しつつ、組織行動論や経営組織論の経営管理的側面の強いトピックを取り上げることは自然な姿であろうと思われる。

現在、講座を引き継ぎ、2011年より経営管理の講義を担当している鈴木は、長らく組織と個人の関係性に研究の軸足を置いている。そこでは単純に組織の中の個人、個人の集合としての組織と捉えるのではなく、両者の緊張・協調関係といった関係性や個人と組織の調和の実現可能性、個人‐職場‐組織の三者関係といったより複雑な観点からその関係性を研究している【[91]】。授業においては、より大きな成果を求めマネジメントを行う組織の立場と、より良い自分の生活や仕事人生を求める個人の立場の双方から経営管理のトピックを眺めることを通じて、経営管理の本質的な難しさと理解を講義している。それは、占部の『経営管理論』【[21]】に書かれた能率の論理とコストの論理に感情の論理を加えた3つの主たる論理を同時に考えなければならない経営管理の実践的な難しさであり、金井が考えてきた組織の成果の追求する場でありながら、参画する個人の社会生活の場である経営組織の理解でもある。現在では、組織あるいは個人の倫理的行動といった社会の中の経営組織としての意味や従業員の健康や幸せといった、これまで経営管理の求めるものでなかった部分も（経営成果に結びつかなくとも）経営管理の中で考えられるべき点として取り上げられ、ますます経営管理の幅は広がっていくことになることが考えられる。

　最後に、改めて講座の成り立ちについて、その歩みを授業内容（ひいては各担当教授の研究内容）から振り返ると、この講座のもついくつかの（結果としての）特徴がわかる。一つは経営管理の行動科学の側面に焦点が当たってきたことである。そしてその結果、管理を行う組織側の立場と管理を受け入れる個人側の問題の関係が必然的に浮かび上がることになり、その関係性がこの講座では常にイシューとして置かれていたように思われる。これは占部が組織形態論から行動科学的側面の強い経営管理学へと舵を切った段階で必然的なものだったかもしれない。

　もう一つは、本章では明示的に触れなかったが、常に日本企業や日本の経営管理、別の言い方をすれば身近な実際の経営管理を意識した研究や教育が指向されている点である。これは実務家を対象とした著作も数多くある占部、金井の研究姿勢をみても明らかである。しかしそれはアカデミズムを軽視していることとは異なる。常に身近な実践への貢献を意識しながらアカデミズムを追求するという姿勢であり、いわゆる「象牙の塔」に陥らない姿勢である。これは神戸大学あるいは日本の経営学が「経営学とはどのような学問であるのか」ということを追求し、単なる実務技術・知識ではなく、学問として経営学を位置づけようとしてきた姿勢のある種の反作用的・揺り戻し的な流れと捉えることもできよう。その意味ではアカデミズムを追求してきた神戸経営学の異端の側面をもった講座と言えるかもしれない。

第11章

人間と経営
—経営労務・人的資源管理—

古林（右）・海道の師弟＜海道ノブチカ氏提供＞

1　人間と経営の関わり

「企業は人なり」ともいわれ、経営と人のかかわりは経営学という学問領域が発祥して以来、いつの時代も問われ続けてきた課題である。

経営学の生みの親であるテイラーは、科学的管理の導入で生産性を拡大し、労働者が懸命に働いて所得を増やすことができれば人間らしい生活を享受できると説いた。単純作業の反復に伴う「熟練の解体」が労働組合から強い反発を受けると、次はメイヨー（G. E. Mayo）らによって人間関係や仲間意識といった人間の社会性に焦点があてられた経営理論が開発された。

近代管理論の祖とされるバーナードは、個人人格と組織人格の関係を理論の基軸に据えたし、労働疎外や働きがいが社会問題化すると今度は「労働の人間化」や仕事における自己実現の必要性が経営学の重要課題となった。21世紀に入り企業のグローバル競争が激化する中で、価値ある経営資源としての人間をいかに戦略的な競争優位に繋げるかが焦眉の課題となっている。このように、人間と経営の関わり合いは、経営学の中核をなす重要なテーマである。

こうした領域は、神戸大学においても、1949年の経営学部創設と同時に開設された経営学第二講座（1964年に経営労務論講座に改称）において間断なく研究教育が続けられ、今日に至っている。しかし、その原点は学部設立時よりはるかに古く、古林喜樂が神戸商業大学で経営労務論の講義を日本で初めて行った1931年にまでさかのぼる。

2　日本で最初の経営労務論

古林喜樂は、岩手県に生まれ、小学1年の時に兵庫県に移り住み、その後神戸を中心に活躍することとなった。1924年に神戸高商を卒業したが、学問への思いを絶ちがたく、京都帝国大学経済学部に進学し、河上肇（1879－1946）や西田幾多郎（1870－1945）などの錚々たる巨頭に囲まれ、日夜勉学にいそしんだ。

古林は、軍人から牧師になった父を深く敬愛しており、父の影響を受けた古林の言動は常に人間愛に満ち溢れたもので、学生や教職員から大いに慕われていた【［31］】。

実際、古林が樹立した経営労務論の体系にも、この人間愛の精神が表れている。『昭和7年度　神戸商業大学講義要綱』によると、1932年に古林が講じた経営労務論の講義は、「経営労務の本質」や「諸学説批判」、「経営労務の発展過程」などが講じられた後、「労務価値の本質」や「賃金の労務的意義」、「経営参加の労務的考察」、「労働者保護諸制度の労務的考察」、「労働者組織と労務」、「計画経済と労務」といった項目が並んでおり、労働者の視点に立った経営学が講じられていた。

こうした古林の講義体系は、同年に平井が担当した経営学総論や経営業務論が経営者としての経営政策や管理の視点で纏められていたことと好対照であり、当時の神戸商業大学には経営者目線と労働者目線の双方の経営学が息づいていたことが窺える。

古林は、「労働」・「労働力」・「労働者」の三者の関係を概念的に精緻化し、資本主義企業においては、市場売買の対象となる商品としての労働や労働力が、商品ではない労働者を通じてしか提供されえない点にこそ、経営労務の本質があると分析されている【[100]57頁】。過労死問題やワークライフバランスが喧しく議論されている現代においても、この古林の視点は未だもって新鮮であり、鋭く本質を見抜く慧眼を有していたといえるだろう。

古林のこうした人間愛の精神は、1953年に就任する第2代神戸大学長としての大学運営においても存分に発揮された【[76]】。古林は「学長就任のことば」で、人間愛の精神は学問研究の出発点かつ目的であり、同時に学園運営においてもそれは活かされねばならないと述べている。実際、古林は尼崎に移転予定だった工学部を六甲台に移す交渉を国と行うなど、蛸足大学と呼ばれ各地に分散していた施設を六甲台へ集結させ、神戸大学の発展に尽力した【[31]】。

学長のころの古林<海道ノブチカ氏提供>

神戸大学が今日、学部数を増やし、旧帝大と肩を並べる総合大学となる礎を築いたのは古林学長のリーダーシップによるところが大であるといっても過言ではない。

3　経営労働論の確立

古林の創った経営労務論をさらに理論的に純化し，発展させたのが，経営労務論講座を引き継いだ海道 進である。

折しも，時代はマルクス主義のイデオロギーが全盛で，その思想は社会科学全般に浸潤し，経営学にも少なからず影響が及んでいた。マルクス主義の発想法を基盤にし，企業を「個別資本」と位置づける学説が経営学界でも展開されたが，そもそも経営実践に軸足を置いて発展を遂げてきた神戸大学の学風の中では，こうした学説は異端に位置づけられた。

そうした中，実践より学理の解明を重視した海道は，資本主義企業における労務研究のみならず，広く経営学全般，とりわけ社会主義経営学の方法論を解明し，労務研究の体系化を試みたのであった。海道は，経営労務論の技術論的性格（いかに労働者を管理すべきか等の技法に偏りがちな点）を克服するため，労働という現象を科学的な見地から検証し，古林が序説として著した「経営労働論」という領域を深耕して完成させた【［38］・［39］】。

海道による1971年の経営労働論の講義は，当時の講義要綱によれば，経営労働論の対象と方法が冒頭に講じられた後，他の関連諸学（政治経済学，経営経済学，労働経済学）と経営労働論の異同，資本主義企業と社会主義企業の労働の特質の対比などから構成されており，まさに学問的視点から労働現象を捉え，その本質を探究しようとしていた姿勢が窺える。

助教授のころの海道（1956年）
＜海道ノブチカ氏提供＞

海道の研究スタイルは社会主義企業の特性を理論的に解明しようとする内容を含んでいたことから、その学修にはロシア語の修得も欠かせず、学部ゼミでの学生からの人気はあまりなかった。しかし、海道ゼミはその学術志向の高さで当時から名を馳せており、学部ゼミ生213名のうち14％にあたる29名が大学院に進学し、その大半が大学教員になっている。加えて、海道の幅広い学問的視野と寛容な教育方針を反映し、大学院生の研究領域は経営学の領域を超え、経済学や哲学、文学など多方面にわたっている【[51]122頁】。

海道の学問に対する姿勢は極めてストイックで厳しい戒律があり、「1日10時間の勉強」、「3カ国の外国語マスター」、「3か月に1本の論文」、「3年に1冊の研究書上梓」が研究者としてのスタンダードであるとして自らに課し、また門下生にもそう説いていた【[51]123頁】。

4　理論と実践の架橋

講座創設から3代目となる奥林康司は、東西ドイツ統一やソビエト連邦の崩壊など、社会主義が急速に退潮していく激動の真っただ中に経営労務論講座を引き継ぐこととなった。

1970年代後半、米国のウィスコンシン大学やカリフォルニア大学に留学した後、ソ連科学アカデミーや東欧諸国を相次いで歴訪した奥林は、社会主義体制下での人々の生活実態が、社会主義の理想からはほど遠い状況であったことを身をもって体感し、体制変革の理想論を説くよりも、より現実を注視した労務研究が必要であることを痛感した。奥林の研究初期にはマルクス主義の影響を受けたと思われる論稿も見られるが、1980年代後半以降はより現実志向に転換し、むしろ実証を重視した研究を精力的に展開していった【[32]・[34]】。

1989年度の講義要綱によれば、奥林による経営労働論の講義は、まず「経営労務の今日的諸問題」（ME技術革新と労働、日本的経営のゆくえ、中高年労働者への対応、女子労働者の諸問題等）から入り、そうした現実を踏まえたのちに「労働と企業組織の基本問題」や「社会体制と労働システム」が講じられるというユニークな順序がとられている。いわば、社会の現実や実態を知ったうえで、その背後にある理論や原理を探るという方向で体系化されているのであり、こうした点にも奥林の現実重視の姿勢、現実と理論を架橋しようとするスタンスが窺われるだろう。

奥林による経営労働論の講義は、日本企業における労働の生々しい実態が知れるとあって、いつも大教室で立ち見が出るほどの盛況で、学部ゼミも学生からの人気は高かった。企業の第一線で働く人事部長に授業で登壇してもらい、企業の生の声を受講生に伝えようとするなど、学問上の理論と実践とを結びつけた理解が学生に可能になるよう工夫が凝らされていた。

大学院ゼミは、世界を股にかけ研究してきた奥林らしく国際色豊かで、米英はもとよりフランスやドイツ、中国や韓国、モンゴル、インド、ブラジルなどの諸国からの留学生が多く在籍していたことが顕著な特徴であった。ゼミは、徹底したオープンポリシーに基づいて運営され、他大学の大学院生や第一線の実務家も相当数受講していた。まさに多様なバックグランドの受講生が一堂に会し、自らの実体験をもとに討論し合うという環境の中でゼミが進められる。経験を共有しない他者に自身の主張を精確に伝えるにはロジックを丹念に練る必要があり、ゼミでの討論を通じ受講者の論理的思考や学問的な態度が自ずと鍛えられていくのであった。

5　組織・市場と人事管理

4代目となる上林《かんばやし》憲雄《のりお》（1965－）は、神戸大学経営学部と大学院経営学研究科を通じ奥林のゼミで学び、博士後期課程に在学中の1992年に神戸大学経営学部助手に着任した。1995年から1997年には英国ウォーリック大学経営大学院に留学し、知識創造を研究していたスカブロー（H. Scarbrough）講師（当時）に師事して博士論文をまとめ、Ph.D.を授与されている。

上林は、理論と実践の架橋という奥林のマインドを引き継ぎ、現実の労働とその背後にある諸原理や哲学を明らかにするという姿勢で研究に挑んだ。その特徴は、国や地域、組織といったコンテキスト（置かれた文脈）を重視した論を展開している点、そして個人の労働を分析するにあたっても、組織および市場の原理との連関を意識している点にある。

こうしたコンテキストを重視した人事管理理論の構築という上林のスタンスに大きく影響したのが英国留学の経験であった。上林は、ＩＣＴ等の新技術が組織構造や職務内容に与える影響をテーマに、国レベルの文化的要因による比較調査分析に取り組み、その成果を最初の単著『異文化の情報技術システム』【[54]】に纏めている。以後も、日本と諸外国におけるビジネス教育のあり方やグローバル環境下での組織や労働の在りようなど、コンテキストに焦点を当てた研究を展開している【[56]】。

上林が組織や市場の原理と個人の協働との関係性を強く意識した研究を進めていた時期は、人事管理のパラダイムに大きな転換が生じつつあった時期と重なっている。1980年代以降、企業経営にとって価値ある経営資源としての人材を重視する人的資源管理の考え方が米国を中心に展開されていたし、市場をにらんだ戦略志向の人的資源管理（戦略的人的資源管理）の台頭も、1990年代後半以降における日本企業の人事管理実践に少なからず影響を与え始めた時期であった。

上林は、ICTやAIなどの情報技術革新、グローバリゼーションと相俟って普及してきた市場主義に根差した思想を「グローバル市場主義」と呼び、この考え方の浸透が、日本企業の経営および人事システムにいかなる影響を与え、そしてそれが社会科学としていかように評価されるかについて考察を重ね、学界等で発信している【[55]】。

こうした上林の研究スタイルは、ゼミでの指導にも反映されている。上林の開講するゼミは、研究を志す者に広く開かれており、他ゼミ生や他大学の院生、実務家も多く受講する。各自の研究テーマは、人的資源管理に限らず戦略や組織管理など実に幅広く、また研究方法も質的・量的な実証分析、経済学的アプローチ、学史的アプローチなど多岐にわたっているが、中でも組織現象・協働現象の背後にある原理やロジックを緻密に紐解き、精確に説明することが指導において特に重視されている。

さらに、現在、同講座（ユニット）の若手で、戦略・組織と人的資源管理の位置づけに焦点を当てた研究を行っているのが庭本佳子《にわもとよしこ》（1985－）である。庭本は、京都大学大学院法学研究科法曹養成専攻修了後、同大学院博士後期課程に在籍していたが、経営学に転向した後の2012年から2015年まで神戸大学大学院経営学研究科博士課程に在籍し、上林に師事した。2017年より同経営学研究科の准教授として着任し、経営学研究科・経営学部の研究教育に従事している。

庭本は、組織能力を形成し発揮していく人々の協働実践に焦点をあてた研究を手掛けている。企業が厳しいグローバル競争下での生き残りと成長の道を模索する中で、人事管理としていかに組織均衡を実現していくのか。こうした問題意識で、多様な個人が時に衝突し合いながら協働し組織の競争優位を構築していくプロセスを、とりわけ学史的アプローチに依拠しながら解明を試みている【[103]】。

経験世界の現実的な人事の諸課題に対しては、多くの新しい人事上の諸言説や実践的指針が示される。学史的アプローチは、こうした諸言説や概念にまつわる経営学説の系譜を丹念に辿ることを通じ、人事管理領域で生じている現実を適切に捕捉する。このような観点から、庭本は、労働過程のどのような側面がマネジメントの対象となってきたか、働く人々の労働実践がどのように変容してきたかを追跡し、かつての「労働」概念の意味内容が「キャリア」や「仕事経験」を包摂したものへと変容しつつある点などに注目しつつ、人的資源管理論の新地平を新たに開拓しようと努めている【[104]】。

6　そして、これから

経営労働論や初期の経営労務論においては、体制原理に着目しつつ労働・労働力・労働者の3側面から労働過程が論じられ、経営における労働現象が客体的に分析されてきた。いわば、労働者集団の織りなす労働過程それ自体が、総体として分析されてきたのであった。

翻って今日の人的資源管理論においては、むしろ多様な個人に焦点を当て、それらを経営にとって価値ある人材としていかに活用していくかという側面が強調される。さらに、1980年代から1990年代にかけて学界の主流を占めるようになった戦略的人的資源管理論では、人的資源は事業戦略と適合させることで戦略実行に寄与する存在として位置づけられ、人事管理研究の焦点は経営戦略やそれを前提としたマネジメントへとシフトしていった。

人事管理領域における人的資源管理ないし戦略的人的資源管理パラダイムの台頭は、当講座の体制にも大きな転換を促すこととなる。経営学部講義要綱によると、従来この講座の提供する授業科目名称は長らく経営労務論ないし経営労働論であったが、2001年度からは人的資源管理となり、パラダイムの転換が授業科目名にも反映されていることが窺える。

『2002年度　神戸大学大学院経営学研究科・経営学部講義要綱』によると、人的資源管理（上林担当）の講義は、経営資源としての「ヒト」のマネジメントをテーマに、まずマネジメントの前提となる労働者観の変遷とマネジメントの対応関係が講義され、その上で「日本的経営と年功的人事労務管理」、「日本企業における新しい人事労務管理」の順で、日本企業の人事管理にどのような変容が生じているかが講述される。さらに、ICTやグローバリゼーションとの関係において組織・人のマネジメントについて講述されるという構成であり、総じて今日的な人的資源管理パラダイムに依拠しつつ人事の現実的諸問題を考察するという視座になっていることが窺える。

ただし、当講座においては、こうしたパラダイムの移り変わりを一方で捉えつつも、他方では現実の労働実践や労働過程の表面には現れない原理、現象の奥底に潜んだ変わらぬ真理や本質を探求していこうとする研究姿勢が、一貫してとられてきたといってよい。現象を根底から規定する目に見えない思想や哲学を含む原理に分析のメスを入れてこそ、実践の単なる後追いではない、各時代における人事上の重要課題の真の解明が可能になるという考え方が、歴代の講座担当者たちに共有されているからである。

「人事は流行に従う」とも言われるほど時流に敏感な人事管理実践を、学問の立場から冷徹に解明しようとすれば、現象と本質の両面からの接近は必須の方法論となる。人事管理が取扱うテーマは、何も戦略との適合性や人的資源の適正配置といった、企業の経営実践に直接資する側面のみに限らない。組織の発展が多様な個々人間の相互作用のダイナミズムからもたらされるとすれば、人事管理は単なる人的資源や人材としての論を越え、個々人の間に織りなされるさまざまな関係性や、そこから生み出される協働過程の管理全般をも包含する論として構築されるべきである。そして、究極的には「人間とはいかなる存在か」といった哲学的問いにも踏み込んだ理論構築を志向しなければならないはずである。

経験世界の現実と概念体系、そしてこれらの背後にある思想・哲学という重層的な次元において、今日の具体的な経営課題を読み解き未来への道筋を示す。歴史のある経営労務論講座を引き継ぐ現役世代も、当講座のこうした良き伝統を継承しつつ、新たなテーマを開拓・研究し、講座を発展させていきたいと願っている。

第12章

ものづくりと経営
—工業経営—

稲葉（左）・宗像の師弟<宗像正幸氏提供>

1　工業経営講座の誕生

神戸大学経営学部には、工業経営という今では文系学部では極めて珍しい科目がある。しかもこの科目は学部創設以来ずっと続いているという意味でも極めて珍しい。日本経済の戦後の発展を担い、現在でも日本の産業で世界級のトップランナーだといえるのは、自動車や電子部品など製造業が殆どである。多くの領域で、また量において、中国などに世界トップの座を奪われてはいるものの、工業は未だに日本経済の大黒柱である。こうした経済、産業における製造業、ものづくりの重要性の認識を忘れることなく、脱工業化の時代だという時流に逆らって、工業経営という科目を残してきたところに、神戸大学経営学部とその工業経営担当教員のささやかながらも意地がある。

工業経営が重要であるのは、製造業の経営では「もの」すなわち物質を扱い、そのための技術を用いるため、それらを考慮に入れることが必須だからである。ここに他の経営学の科目とは異なる特殊性があり、また存在意義がある。物質を扱う製造業ならではの経営問題があり、それを扱うのが工業経営なのである。確かに情報化が進む中で情報の重要性が増しているとはいっても、それは物質の利用と密接に結びついており、物質の経営問題を無視するわけにはいかない。ＡＩだＩｏＴだといっても観念だけで実現するわけではない。

神戸大学経営学部の工業経営講座の創設を担ったのは、講座の初代教授となった古林喜樂である。１９３１年に和歌山高等商業学校から神戸商業大学の専門部教授として迎えられた古林は、経営労務論を担当しつつ、1940年の本科教授昇任後、「工業経営」専攻の研究指導を担当した。戦時中に改名した神戸経済大学においても、古林は経営労務論と工業経営論を担当した。1949年に新制神戸大学と経営学部が発足すると、平井泰太郎の経営学第一講座、竹中龍雄の経営学第二講座とならんで、古林の工業経営講座が設置された。助教授は戸田義郎であった。1950年には、戸田が簿記講座に移り、新たな助教授に、1946年以降、神戸経済大学附属経営学専門部教授となっていた稲葉襄が就任し、また海道進が助手（のちに講師）として所属した。1952年には、古林は新たに設置された経営労務論講座に海道とともに移り、工業経営講座の主任は、稲葉助教授が務めることになった。

古林は、経営学は、経営実践や経営技術をよく知るとともに、それらに貫徹している内在論理、法則性を理論的に追求し、科学性を高めることが課題であると強調していた。古林が工業経営論を担当していた期間はそれほど長くはないが、工業経営講座の精神的基盤の形成に大きな影響を及ぼした。3代目の工業経営講座教授となった宗像正幸《むなかたまさゆき》（1940－）は、学部4回生から修士1年生の時期に、指導教員である稲葉の外遊が当たり、古林からの指導を受けた。また、古林の退官後も、学会役員会の場などで引き続き薫陶を受けたという。古林は洒脱でリベラルで、学生の主体性を尊重するが、理論的には厳しい人であったと宗像は語る。

2　工業経営論の体系化と襄山会

稲葉　襄は、和歌山高等商業学校から神戸商業大学に進み、1939年に同研究科を修了後、和歌山高商の講師として赴任、翌年には教授となった。1944年には軍需省に入省し軍需管理官として工場の管理実務に当たった。戦後、1946年に学界に戻り、神戸経済大学附属経営学専門部で労務管理論・生産管理論を担当した。そして、1950年からは新制の神戸大学経営学部の助教授として、工業経営講座に配置され、1977年に定年退官するまで主任として、神戸大学の工業経営ゼミナールを産業界で名の通る存在にまで育て上げた。

稲葉は、経歴から分かるように古林と深いかかわりがある。古林、稲葉、海道は和歌山3人衆と呼ばれたともいう。工業経営講座を古林から引き継いだ稲葉の基本課題は、工業経営論の体系的構築であった。そのために、資本制工業経営の生成の解明に努めるとともに、大工業への発展過程で取り残され、大工業経営と多様な相互依存関係を築く中小工業経営の体系的研究に学生を動員して行ったりして、工業経営論の体系化を図った。主著に『工業経営論序説』【[15]】、『中小

助教授のころの稲葉＜出典：[90]＞

工業経営論（序説）』【[16]】がある。さらに後年は、東洋思想、特に仏教哲学を導入した経営哲学を展開した。しかし何より、稲葉は、理論と実践との弁証法的統一ということで、教育に並々ならぬ熱意をみせた。

稲葉の教育は、一言でいえば「修行」であった。禅僧が弟子を育てるが如く、大変厳しく喝が飛ぶことも多かったという。また、社会における相互依存の原理について身をもって体験させるために、毎年の研究プロジェクトをチームとして取り組ませた。個別に研究テーマを選ぶことは許されなかった。稲葉は、教育において組織を実践させた。それは、卒業後にも及んだ。

稲葉ゼミナールの同窓会組織は、稲葉の名をとって襄山会《じょうざんかい》と名づけられ、2012年に活動が停止されるまで、毎年総会が開催され、毎年会報『襄山』が発行される堅固な組織であった。現在でも、ゼミ卒業生有志の集まりは、あちこちで続いているようである。なお、『襄山』は55号まで発行されて、神戸大学附属図書館に所蔵されている。

また、大学院で薫陶を受けた者を対象として、工業経営研究会を主宰した。年間3－6回開催され持ち回りで研究報告し、熱い議論をたたかわせ、終了後は、稲葉のグルメ嗜好に見合うレストランで美味を楽しむというもので、20年以上続いた。大学院工業経営研究室出身者によるこの伝統は今でも形を変え年1回の研究・懇親会として宗像、原に引き継がれている。

稲葉の指導は、組織化の面だけではなく、管理面にも及んだ。指導する部活等の特にカネの管理においては、単に出納など受動的な管理だけでなく、積極的な組織的資金集めにも力を入れた。それには、率先して自身も出資したほか、出資者をリスト化して公表させ、集めた資金を債券などで運用させるなどで継続的な資金確保を可能にした。裏山会でも会員と自身の出資により裏山基金というファンドを形成し、工業経営研究室の教員や学生の図書購入など研究活動をサポートするなどした。裏山会の活動停止後、裏山基金の保有資産の多くは神戸大学六甲台後援会に寄付され、裏山研究奨学基金として工業経営とその隣接分野の研究助成を現在も継続している。

3　技術論からの工業経営の理論化

宗像正幸は、神戸大学経営学部から同大学院に進み、1968年に博士課程を修了し、神戸大学経営学部の助手となった。講師を経て1975年に助教授となり、稲葉の退官後は、工業経営講座を引き継ぎ、1989年に教授となった。なお、神戸大学経営学部は1993年に大講座制に移行し、公式的な工業経営講座は廃止された。しかし、

裏山会総会時の記念撮影（1955年）<出典：[90]>

授業科目としての「工業経営」は現在も残り、それを担当する教員が工業経営研究室の主となっている。

宗像の研究の焦点は、まずは、工業経営における技術事象に関わる諸概念やそれらの分析方法について理論的に整理することであった。研究生活初期に宗像が技術を研究対象に選んだことには、当時の社会的状況も関わっていたという。何かと思想的立場が問われたその時代において、技術論では比較的冷静に学問的な議論ができた。しかも、理論的開拓の余地も大いにあった。こうして、宗像は、経営学や社会科学のみならず人文科学や自然科学・工学の、古今東西の膨大な文献を渉猟し、哲学的な次元から実践の次元にいたるまで、技術と経営との理論的諸問題について深い洞察を重ねた。その結実が、1989年出版の主著『技術の理論』【[133]】である。

『技術の理論』において、宗像は、工業経営研究と技術論との関わりを歴史的に整理し、技術の概念的構造や分析方法を理論的に示したのみならず、その応用として、機械とコンピュータとが結びついたメカトロニクスが工業経営にどのような動態をもたらすかを論じた。

宗像は、稲葉よりも理論志向が強く、また稲葉のように組織化を図ることよりも個人として自由であることを好む。しかし、決して理論のための理論家ではなく、現実の経営問題や社会問題への強い関心を有し、研究を通じての貢献を意識してきた。もともと商家の出で、親からは後を継ぐことを期待されて経営学部に進学したにもかかわらず、大学院進学後に学問の道を目指すことになったという意識がその基盤にあった。経営学を実務家にも侮られない水準にしなければならないという心意気が宗像の理論志向の根底にあった。

1990年代になると、国際化、ICT化などを背景に、生産システムをめぐる論争が世界的に巻き起った。その中心にあったのが、当時、国際競争力を誇示していた日本企業の生産システムであった。宗像は若い時の留学経験から日本とは何かという問題意識を持っていたが、世界的に注目され議論の的となっていた日本企業の生産システムを、技術を媒介に社会学的知見も取り入れて「日本型生産システム」として理論的に解明しようと取り組んだ。その成果は1991年からの10年間に国民経済雑誌などで多くの論文に示され学界にインパクトを与えた。また学外の研究上の同志との共編著『現代生産システム論』【[134]】も2000年に出版された。

このように、宗像は工業経営研究室の理論的水準を大いに高めた。そして技術と工業経営に関する宗像の理論は、原《はら》拓志《たくじ》（1962－）や宮尾《みやお》学《まなぶ》（1975－）など後継者たちが取り組むことになるテクノロジー・マネジメントやイノベーション研究の基盤にもなった。宗像のゼミナールは稲葉ゼミとの比較でいえば、個人主義と自由主義で特徴づけられる。個人ごとに好きな研究テーマを選ばせ、理論面だけでなく、家業や人脈を通じて実務面にも詳しい宗像が、学生の研究を縦横無尽に切っていく（剪定していく）というスタイルであった。宗像は「生涯書生」を自称し、自宅も研究室も本で溢れていた。「シンプルでエレガントな生き方」を信条とし、ピンキリを知ることの重要性を強調し、ミナミの高級料亭から梅田の高架下や西成の飲み屋までさまざまな職業の人々との交流を楽しんだ。幼少期より音楽、野球、ゴルフに親しみ、ゴルフは長くシングル級の腕前を誇った。

4　工業経営研究室のいまとこれから

原　拓志は、神戸大学経営学部を卒業後、東洋紡績株式会社に入社し、工場の労務管理に当たった。その後、学問の道を志し、神戸大学大学院経営学研究科博士課程前期課程に入学した。1993年に前期課程を修了した原は、神戸大学経営学部の助手に就任し、研究者としてのキャリアを歩み始めた。1997年からエディンバラ大学に留学、技術社会学のマッケンジー（D. MacKenzie）教授に師事し、2001年に同大学からPh.D.を授与された。2003年に宗像が退官すると原が工業経営研究室を引き継ぎ、2004年に教授に就任した。

原の研究の焦点は、技術と経営に関わるさまざまな事象を、社会的な相互作用として理解することである。原は、工業経営において固有の課題である企業における技術の管理問題を、社会現象として社会学的に捉え直そうとした。

原は、エディンバラ留学で身につけた、科学技術社会論、とくに技術の社会的形成（the social shaping of technology）の見方を工業経営研究に積極的に取り入れた。そのために原がとったアプローチは宗像とは異なっていた。宗像が、堅固な理論基盤を構築した上でそれを実際の技術現象の理解に応用するというアプローチを取ったのに対し、原は、実際の技術現象に向き合いながら、それを理解するための理論枠組みを精緻化していくというアプローチを取った。かくして、原は、医薬品のイノベーションや技術システムの安全性についての研究を通じて、MAISアプローチという独自の分析枠組みを構築していったのである。ＭＡＩＳは物的存在（Material entities）、主体（Actors）、制度と構造（Institutions and Structures）を指している。ＭＡＩＳアプローチは、これらの要因の相互作用を精緻に分析することで、社会現象の形成プロセスを明らかにし、技術やイノベーションなどの社会現象の能動的管理を目指す。

原の実践への志向は、教育の面にも現れていた。大学院生には、少なくとも一つの業界については第一人者と見なされるくらい詳しくなれ、と指導していた。原自身、*Innovation in the pharmaceutical industry* という著書【［151］】を出版しており、医薬品業界のイノベーション研究では第一人者のひとりと国内外で見なされている。

また、原は社会人教育にも力を注いだ。神戸大学のＭＢＡでは、テクノロジー・マネジメント応用研究の講義を２０１０－２０１５年度に担当した。また、２００５、２００８、２０１２、２０１８年度入学ＭＢＡ生の専門職学位論文の研究指導を担当した。その中からは、さらに研究を深耕するために、仕事を続けながら博士後期課程に進学する者も現れた。原は、在任中に10名の博士を世に送り出したが、うち6名が他学、他ゼミ出身も含めて社会人大学院出身者である。

原が関西大学に移籍した２０２０年以降、工業経営研究室を引き継いだのが、宮尾　学である。宮尾は、京都大学大学院工学研究科高分子化学専攻の博士前期課程を修了後、サンスター株式会社で研究開発を担当していたが、２００５－２００６年に原の指導のもと専門職学位課程を修了した後に後期課程に進学、研究者の道を志した。２０１０年に滋賀県立大学にて助教に就任して研究者にキャリアチェンジし、２０１４年に神戸大学経営学研究科の准教授に就任した。

２０２０年まで、宮尾は、技術と経営に関わる様々な事象の中でも製品開発、特に市場に新たな価値を提案する製品の開発に研究の焦点を絞ってきた。原のＭＡＩＳアプローチの源流となった技術の社会的形成の見方では、技術やそれを用いた製品の価値は、周囲の制度や構造によって異なるし、関わる者の解釈にも開かれている。技術や製品の価値は絶対的なものではなく、それに関わる者によって異なったものになりうる相対的なものなのである。したがって、ある企業が新製品によって新たな市場を生み出すには、説得などの手段を講じてその価値を社内・社外で認めさせる必要がある。宮尾は、この現象に技術の社会的形成の見方でアプローチし、複数の事例研究でその背後のメカニズムを明らかにした。その成果は著書『製品開発と市場創造』【[130]】としてまとめられ、学界でも高い評価を得ている。

このように、工業経営研究室の主宰者たちは、自らの学問領域を体系化するとともにその屋台骨となる技術概念を確立し、分析枠組みを技術と社会の相互作用という幅広い現象を射程に収めるものへと拡張してきた。また、彼らは理論的な思索に拘泥するのではなく、その分析枠組みをメカトロニクス、医薬品のイノベーション、技術システムの安全性、市場を創造する製品開発、といった様々な現象の研究に応用し、それらの背後にある要因間のメカニズムを明らかにするとともに、分析枠組みそのものにも磨きをかけていった。

では、今後の工業経営研究室はどうあるべきなのだろうか。冒頭に述べたように、日本においてはものづくりの地位は相対的に下がっている。工業経営という旗印はもう必要ないと考える人がいても不思議ではない。

しかし、我々はそうは思わない。工業経営研究室がものづくりの経営を扱うために生まれたのは間違いないが、その主宰者たちは、物質を扱う経営学というアイデンティティを守りながらその分析枠組みを拡張し、様々な技術と経営の問題に取り組んできた。企業経営において、物質や技術に関わる問題がなくなることはない。むしろ、感染症、気候変動、資源の枯渇といった物質や技術に関わる問題は増える一方だ。また、人類が扱う技術システムは巨大化・複雑化し、ひとたび扱いを間違えると取り返しのつかない災厄をもたらす。もちろん、技術をうまく扱うことができれば、その恩恵は計り知れない。技術と経営に関わる様々な問題に立ち向かい、技術の恩恵を享受するためには、しかるべき旗印の元に様々な研究者が集い、知恵を絞らなければならない。いささか古めかしいものであるのは確かだが、開拓者たちが掲げ、守り、育ててきた工業経営という旗印は、まだ掲げ続けなければならない。

第13章

資本の調達と運用
―経営財務―

ゼミで学生を指導する丹波（左）＜出典：[98]＞

1　経営財務論講座前史

経営財務論が独立した講義科目名として初めて登場するのは、1929年に神戸高等商業学校が神戸商業大学へと昇格したときの設置科目一覧表においてであり、講義が始まったのは1932年度であった。当時の講義要綱によると担当者は助教授の林 健二であった。

それ以前にも、神戸高等商業学校や神戸商業大学では、林や原口亮平《はらぐちりょうへい》（1878－1951）が、商業算術や商業数学の科目名のもと、割引、年賦償還、利廻り、年金など、今日で言うファイナンスの数理の基礎を講義し、平井泰太郎が講義科目の経営学のなかで各論の一つとして「企業金融及び財務運営」を講義していた。

林が初めての独立した講義科目として開講した経営財務論の内容をみると、「Ⅰ．経営学一般と財務論、Ⅱ．資本の運用、Ⅲ．資本の調達、Ⅳ．企業の評価」と、今日の経営財務論からみても遜色のない内容構成となっていたことは、林が会計学者であることを考えると、驚きである。林は『企業金融論』【［108］】を著している。

2　経営財務論講座の誕生　―企業資本の理論的研究の先駆者―

1949年、新制大学としてスタートした神戸大学にわが国最初の経営学部が誕生したことを受けて、1952年に経営財務論講座が開設され、初代教授として、それまで簿記（学）講座と経営学第三講座（182頁の経営学第三とは別のもの）の教授を歴任した丹波康太郎が就任した。

丹波は、兵庫県立第一神戸中学校（現兵庫県立神戸高等学校）を4学年で修了し、名古屋の第八高等学校理科を経て、1930年に神戸商業大学に入学、旧制神戸一中の先輩平井門下の俊英として、1933年4月、卒業と同時に助手として採用された。

丹波の研究活動は大略3期に分けられる。第1期は、原口のもとに所属し、また経営計録講習所の講師兼担の時代である。この時期の研究は、簿記、勘定理論、事務管理理論・経営機械化論に重点が置かれ、次いで、原価計算や経営分析にも拡大されている。

丹波がその研究において大輪の花を咲かせるのは、第二次世界大戦後に始まる第2期においてである。サンダース＝ハットフィールド＝ムーア（T.H. Sanders, H.R. Hatfield and U. Moore）の会計原則の序文「『資本』と『利益』の区別は、会計における基本的なものである。特定の企業の資本と利益の区別をできる限り明確ならしめ、かつこれを効果的に保持することは、アカウンタントの活動および会計の機能を決定する究極の目標である」【〔157〕】に導かれるように、丹波は当時未開拓の研究分野であった資本会計の研究にエネルギーを注ぎ、ついに1957年に『資本會計』【〔96〕】を著し、これによって経営学博士の学位を取得するとともに、翌年の日本会計研究学会第17回大会において上野・太田賞を受け、「資本会計の丹波」と称されるようになった。

その後丹波は米国ミシガン大学での在外研究を経て、資本コスト論や投資決定論など、当時の経営財務論の最先端の中心テーマに文字通り先駆者として取り組んだ。この第3期の研究が、心臓に持病を抱えながらも大学紛争の真っ只中誰もが尻込みする中敢えて引き受けた2度目の学部長職の激務が原因で急逝したことをもって、志半ばで中断を余儀なくされたことは、痛恨の極みである。この第3期の研究は、丹波康太郎教授追悼委員会によって公刊された『企業資本の研究』【[97]】に収められている。

丹波の経営財務論の講義の始まりは、1958年度経営学部第二課程においてであった。翌『1959年度経営学部第一課程講義要綱』によれば、経営財務論の講義内容は、「I．企業における財務職能、II．資金計画、III．資本調達、IV．財務統制」であった。さらに学部ゼミナール3回生では、米国の教科書の輪読により企業財務論を習得させている。さらに大学院に目を転ずると、「課税が長期資本調達方法の資本コストに及ぼす影響」をテーマに講述が行われている。2人のノーベル経済学賞受賞者モジリアーニ（F. Modigliani）とミラー（M. Miller）の有名な法人税と資本コストの関係を解明した論文が発表された1963年以前に、同様の問題の解明に着手していたことは特筆に値する。常に先駆者たろうとする丹波の気概が窺える。

1960年以降の経営財務論の講義は、平井泰太郎の経営学第一講座から「養子縁組」してきた当時助教授の森 昭夫に譲り、丹波自身は経営学特殊講

講座開設まもないころの丹波＜出典：[98]＞

義を担当し、資本予算決定や資本コストといった当時のアメリカの学界での最先端の問題を中心に講義している。その後丹波は、年齢の近い森の教授昇進を遅らせないために、新設された管理会計論講座の初代主任教授へと転じている。あらゆる場面において人を立て、「自己犠牲の人」として誰からも敬愛されていた丹波の人柄を示す行動の一つである。

3　経営財務論へのアメリカ・ドイツ複眼思考

1967年4月第2代目の教授に就任したのは、森　昭夫である。森は東京都立第十中学校（現東京都立西高等学校）、陸軍予科士官学校、高松経済専門学校を経て、1948年4月に神戸経済大学に入学、平井泰太郎門下の逸材として、1951年4月、卒業と同時に助手に採用された。

森の研究は、平井の経営学第一講座の助手・講師時代の第1期と、丹波の経営財務論講座に移籍した後の第2期とに区分される。さらに第2期は自己金融の研究に打ち込んでいた前半部とそれ以降の後半部とに分かれる。

第1期は、ビジネス・リーダーシップ、経営者支配、ドイツ経営学説など幅広いテーマを手掛ける模索時期でもあったが、森の企業観はこの時期に培われたものである。第2期に入ると、移籍後直ちに森は、古くから繰り返し論じられてはきたものの、表面的な議論がなされてきたにすぎない自己金融の問題を、経営財務論的な立場からその理論的基礎にまで掘り下げて分析する難事業に挑んだ。

森は自己金融の問題を、第1に、主としてドイツにおける自己金融（Selbst-finanzierung）の概念・

方法・本質に関連する問題群と、第2に、主としてアメリカにおいて展開されている自己金融の重要性に関する問題と、そして第3に、財務政策的見地からする自己金融の再吟味の、3つの問題群に絞って徹底的に分析を加えた。その研究は1963年11月、『企業自己金融論』【[135]】となって結実し、企業自己金融論の分野に一大金字塔を打ち立てた。これにより経営学博士の学位を授与されている。その書名が示すように、自己金融の「自己」とは「企業にとっての自己」であり、したがって自己金融は留保利益による金融、すなわち剰余金融を意味し、留保利益に減価償却による資金回収を加えた内部金融と区別し、自己金融＝内部金融するという一般的考え方を排するのが森の立場である。この立場は、企業体的立場に立った自己（selbst）と自己資本拠出者の立場に立っての自己（eigen）とを峻別する森の（特に大株式会社の）企業観に由来するものである。

1963年からの1年半にわたる欧米での在外研究を終えてからの森は、アメリカのファイナンス研究の批判的検討の上に自説を展開していった。1950年代後半から1960年代のアメリカのファイナンス研究は、後年ノーベル経済学賞を受賞する研究論文を輩出した黄金時代であった。従来どちらかと言えば経験論・制度論・手続論的研究が主体であった伝統的経営財務論の研究に経済学的分析方法が採用され、経営財務論も新古典派経済学的総合への道を歩んだ。これらの諸研究に対して森は、常に、第1期に手掛けた「経営者支配論」と大企業観に立って、「実践的規範理論としての経営財務論の理論的認識進歩に役立つか」、あるいは「大企業の経営者活動の規範理論の支柱足りうるのか」という問題意識のもと、批判的に検討を加え、自説を披歴していった。

森の経営財務論講義担当は、1960年から始まる。定年退官を控えた最後の講義年度の『199

1年度講義要綱』によると、その内容は「Ⅰ．経営財務の意義・重要性、Ⅱ．企業の資本調達、Ⅲ．企業の投資決定、Ⅳ．利益処分政策、Ⅴ．運転資本管理、Ⅵ．企業財務の理論と資本市場の理論」、となっていて、幅広く重要なトピックスがカバーされている。試験は、学生が丸暗記の準備をしないように、「自筆のノートのみ持ち込み可」とし、筆記ノートの完成作業を通じた勉強を期待されていた。

森は定年退官後、姫路獨協大学を経て金沢学院大学学長として大学運営に力をふるった。

4　経営財務論の資本市場論的総合

森の後を受けて講座を継承したのは榊原《さかきばら》茂樹《しげき》（１９４５－）である。榊原は兵庫県立神戸高等学校卒業後、１９６４年に神戸大学経営学部に入学、１９６８年に同学部を卒業後、一時実業界に身を置いたのち、１９７０年に神戸大学大学院経営学研究科に入学、１９７２年に修士課程修了と同時に助手に就任した。学部時代は丹波の、大学院時代は森の薫陶を受けた。

榊原は、その後黄金時代を迎えるニュー・ファイナンスと呼ばれる学問領域の基礎理論をなすポートフォリオ選択の理論と資本資産価格モデル（ＣＡＰＭ）の重要性と将来性にいち早く着目し、それ

指導する大学院ゼミ生を自宅に招く森 昭夫（前列左）
<馬場大治氏提供>

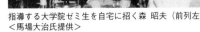

らの理論的・実証的研究を精力的に進め、その成果を１９８６年に『現代財務理論』【[78]】として公刊した。同書によって経営学博士の学位を授与されると共に、教授に昇進した。同書の中心部分は、共著 *The Japanese Stock Market*【[156]】の一部を構成し、世界に発信された。この英書は、*The Journal of Finance* や *The Accounting Review* といった米国の財務と会計のトップ・ジャーナルの書評対象になった。

その後榊原は、証券投資管理やオプション価格モデルの実践的応用に関心を広げ、証券アナリストのための証券価値評価や年金基金などの機関投資家のためのポートフォリオ運用技法等に研究を進めた。『株式ポートフォリオのリスク管理』【[79]】、『証券投資論（第3版）』【[81]】等を通じて、理論とその実践の学界や金融界への普及に努める伝道師としての役割を担った。

還暦を迎えた翌年神戸大学を退職し関西学院大学に移籍した後も榊原は、神戸大学関係の内外の研究者と共同して、引き続き、株価形成においてニュー・ファイナンスでは説明できないアノマリーと呼ばれる現象の解明に認知心理学の成果を適用する行動ファイナンスや、株式価値評価における企業の無形資産ないし知的資本の占める重要性の解明にも研究を進め、その共同研究成果を*Australian Accounting Review* や *Journal of Intellectual Capital*, *International Review of Finance* に発表している。

榊原の経営財務論の講義は、１９８９年から始まった。その内容は、研究成果を踏まえて、企業財務と証券投資、すなわち資本市場の証券の供給側と需要側のファイナンス問題を併せて講義している。講義のスタイルは、学生に理論を習得させること以上に、「なぜそうなるのか」のロジックを考えさせることに重点を置いている。この経験は、『入門証券論（第3版）』【[83]】、『現代の財務管理（新版）』【〔82〕】、『1からのファイナンス』【〔84〕】の出版へと繋がっている。

5　経営財務論へのエージェンシー・モデルとシグナリング・モデルによる接近

榊原の退職後、講座を継承したのは砂川伸幸《いさがわのぶゆき》（1966－）である。砂川は兵庫県立津名高等学校を経て1985年に神戸大学経営学部に入学、1989年に同学部を卒業後数年間金融界に身を置いたが、1993年神戸大学大学院経営学研究科博士課程前期課程に入学、1995年前期課程修了と同時に助手に就任した。学部時代、大学院時代には榊原のゼミに所属し、ファイナンシャル・エコノミックスの最先端の理論を習得し研究者としての基礎作りに励んだ。

助手任官後の砂川は、一方において、特に1980年代以降、専門経営者と株主の間の利害対立問題と、企業と資本市場参加者の間の情報の非対称性問題を扱った研究が盛んとなり、他方において、1990年代以降、ゲーム理論の均衡概念が確立され、それを経済・経営問題に適用する研究が盛んになりつつあった動向に着目し、両研究を総合して経営財務に固有の問題を解決することに注力した。そして、企業と投資家の双方が注目するテーマ、すなわち、転換社債、自社株買い、株式持ち合い解消等の問題についてエージェンシー・モデルとシグナリング・モデルを駆使して精力的に解明した独創的な研究成果を、*Pacific-Basin Finance Journal, Review of Financial Economics*、*Journal of Corporate Finance*、*Journal of Financial Research*（i）の雑誌掲載論文では2007 Outstanding Article

Award受賞の栄誉に浴している）等の数多くの海外雑誌に発表している。これらの諸研究は、関連論文と共に『財務政策と企業価値』【[3]】に纏められた。同書によって博士（経営学）の学位を授与され、２００７年４月に教授に就任した。

その後砂川は、企業の事例収集やインタビュー調査を中心した研究を進め、日本企業のコーポレートファイナンスの事例を理論的な観点からケーススタディとしてまとめた2冊の著書、『日本企業のコーポレートファイナンス』【[6]】と『経営戦略とコーポレートファイナンス』【[7]】を公刊している。

砂川の経営財務論の講義は、コーポレートファイナンスと看板を替えて、バリュエーションの考え方、企業価値創造の概念と原則、投資家の期待リターン（資本コスト）の決まり方、事業の財務計画とＤＣＦ評価等のトピックスをカバーしている。砂川はその講義において2つの新しい試みを取り入れている。一つは、エクセルシートを用いた財務モデルを取り入れたことである。このエクセルを用いた財務モデルの講義は、社会人大学院（ＭＢＡ）のファイナンス応用研究において用いられている。いま一つの工夫は、コーポレートファイナンス理論が机上の空論ではなく、企業の現場においても活用されていることを学生に伝えるために、事業会社の財務部の若手・中堅社員による活用例の講義を取り入れたことである。

このような砂川の平易で分かりやすく実践的な授業の経験は、2つの啓蒙的教科書、『コーポレートファイナンス入門（第2版）』【[4]】と『はじめての企業価値評価』【[5]】の出版に繋がっている。

その後砂川は、２０１６年４月から京都大学大学院経営管理研究部教授に転籍したあとも、神戸大学時代の教育の経験を発展させ、院生ならびに経済学部学生に魅力的な講義を提供している。

6　コーポレートファイナンスのさらなる実践的有用性の探求に向かって

砂川の後を受けてコーポレート・ファイナンス（旧経営財務論）のユニットを継承したのは森《もり》直哉《なおや》（1971－）である（以下、森 昭夫と区別するために森(直)と呼称する）。森(直)は大阪府立箕面高等学校を経て1991年同志社大学商学部に入学、1995年同学部卒業後外資系金融機関に一時在籍したのち、1996年同志社大学大学院博士課程前期課程に入学、2002年同大学院後期課程単位取得退学を経て、2003年熊本県立大学総合管理学部講師に就任した。同大学助教授、2007年日本大学商学部准教授、2014年同教授を歴任、2016年神戸大学大学院経営学研究科・経営学部教授に招聘された。学部時代と大学院時代は証券論の大家である杉江《すぎえ》雅彦《まさひこ》（1931－）の薫陶を受けた。

森(直)の主要な研究は、企業のペイアウト政策（配当支払いと自社株買い）の純理論的研究を特徴としており、日本の財務論研究者としては数少ないタイプに属する。というのも、日本の財務論研究者は、純理論的なモデル分析で独創的な論文を発表することよりも、欧米で生まれた理論やモデルの日本での妥当性の検証を行う実証的研究によって独創性を発揮しようとする傾向が強いからである。この意味では、砂川の研究前半期と共通する。

株式価値を最大化するために企業利益を配当支払いと留保利益にどのように分割すべきかを扱う配

当政策論の理論的分析は、ミラーとモジリアーニのノーベル経済学賞受賞対象となった１９６１年論文を嚆矢とする。彼ら（頭文字をとってＭＭ）は、投資計画を所与とし、完全資本市場や経営者と株主の利害の一致を仮定すれば、株式価値を最大にするという意味での最適な配当政策は存在せず、株式価値は投資計画によって決まることを論証した。

ＭＭに続く研究者は、ＭＭ論文の諸仮定を緩めたより現実的な世界においてＭＭモデルを修正・拡張することによってより現実的な結論を導出しようとした。森（直）は、課税、株式売買手数料、情報の非対称性およびエージェンシー費用を取り入れてＭＭ理論を拡張する諸先行研究に、さらに独自に投資家の時間選好と投資家間の利害対立という要素を加えると、それらの諸要素間の相互作用によってどのような最適配当政策が導けるかを初めて明らかにした。その独創的研究は、*Journal of Banking and Finance* や *Journal of Corporate Finance* に採択されている。

その後、森（直）は主要な論文を纏めた『投資家の選好と企業のペイアウト政策に関する理論的研究』によって、２０１６年に神戸大学から博士（経営学）を授与された。さらにこの博士論文をベースにした主著『配当政策のパズル』【〔136〕】を世に問うている。

森（直）の学部学生向け教育は、学生にとって抽象的で理解しづらい標準的なファイナンス理論の丁寧な解説に重点を置いており、その教育成果は『図解コーポレートファイナンス（新訂2版）』【〔137〕】として公刊されている。また学部ゼミナールでは、ファイナンス理論をベースに実際の企業の財務分析を行うケーススタディを中心に据えている。さらに社会人大学院（ＭＢＡ）では、ファイナンス理論の適用事例を取り入れた実践的授業を志向している。これらの経験を通して、森（直）は、ファイナンスの分野では、理論研究や株式市場データを利用した統計的実証研究は膨大な数に上るが、事例研究は経営学の他の分野と比較して少ないことを痛感し、ファイナンスの標準的理論をベースとする企業事例研究の蓄積こそが、経営学の一分野であるコーポレートファイナンスが企業の財務政策担当者に貢献できる道であるとの考えに至っている。ファイナンスの標準理論と企業の財務政策とを結びつけるケーススタディの制作を、これからの森(直)のライフワークと定めている。

なお、神戸大学大学院経営学研究科・経営学部には、1977年に森　昭夫たちを発起人として設立された日本経営財務研究学会の本部事務局が置かれ、これまで森　昭夫、榊原茂樹が会長を務め、現在、砂川伸幸が会長、森　直哉が事務局長の職にあり、日本の経営財務研究を支えている。

神戸大学正門
イラスト／松村琢郎

エピローグ　神戸大学経営学部の使命

経営学の開拓者たち

神戸大学経営学部は、2019年に創立70周年を迎えた。刊行は1年以上遅れてしまったが、本書はもともと経営学部創設70年を記念して企画されたものである。

創設70年というのは、全国初の学部名称が付された1949年を起点とした場合のカウントである。ただ、何年を起点とするかについてはいくつかの流儀があり、例えば六甲台キャンパスの本館前庭に立つ「我が國の經營學ここに生まれる」の碑は、第3章でみたように附属経営学専門部の設置（1946年）を発祥の根拠にしている。

しかし、より正確に言えば神戸の経営学の歴史はさらに古い。神戸高商で平井泰太郎が全国初となる「經營學」と名の付く授業を開講した1926年から95年が、また神戸高商が設立された1902年から数えれば120年近くがすでに経過している。

神戸大学経営学部の歴史はまさに日本の経営学の歴史そのものであり、本書に登場する先人たちは日本の経営学を文字通り切り拓き、創り上げてきたパイオニアである。そういった意味を込め、本書のタイトルは『経営学の開拓者たち』とさせていただいた。本書を冒頭から順にお読みいただければ、経営学という学問領域が時代の流れの中でいかにして生まれ、神戸大学経営学部の諸先輩方がどのような苦闘を重ねつつ経営学という学問を日本に根づかせ、発展させてきたかについて、その軌跡と挑戦をご理解いただけると思う。

国立大学改革

第7章でも見たとおり、日本の国立大学は1990年代以降、国の大学院重点化施策をはじめ、2000年代には国立大学の統廃合や再編を経て法人化がなされるなど、ここ30年の間に大きな変動の渦に巻き込まれてきた。神戸大学経営学部においても、1999年に大学院重点化が完成し、教員はすべて大学院経営学研究科の所属となったし、続く2004年には全学レベルで法人化され、経営学部は「国立大学法人神戸大学」の一部局と位置づけられることになるなど、絶えず改革の波にさらされてきた。

こうした一連の国立大学改革の動きは、要するに、各大学法人がそれぞれの存在意義（世界的に活躍する研究者の養成、地域社会への貢献など）を見極め、その目的達成へ向けて、資金面も含め自律的な経営を行っていくことを目指した改革であったといってよい。大学経営の自律化のためには、それまでの国立大学でなされていた旧来の部局（学部）を単位とした経営ではなく、全学レベルで法人としてのマネジメントが必要であり、そのため学長のリーダーシップを強化し、トップダウンで改革を推進していくことが何よりも求められた。

これらの改革の結果、法人としての教育研究実績を第三者機関が評価し、その結果を学内資源の配分に反映させたり、それまでほぼ一律に査定されていた教員の給与体系が、能力や業績に基づいて支払うことができるようになったりと、一見すると組織体としての全うな運営へ向けて改革が進められてきたように見える。確かにこうしたメリットもないことはない。

ただ、逆に改革によって失われてしまった面も少なからず存在する。ここでいまその詳細を論じることはできないが、改革の名のもとで忘れられがちな、そしていま存亡の危機にあるといっても過言ではない最大のものは、講座制のもとで運用されてきた研究者養成のシステムである。

研究者養成のシステムとしての講座制

第4章でも言及したように、講座制とは、学問の専門領域ごとに、教授1、助教授1、助手1という3階層の教員がワンセットになって「講座」を構成し、研究教育に携わるシステムである。状況に応じて、助教授と助手の間に講師を置き4階層とすることも認められており、神戸大学経営学部もそうであった。

国立大学関係者以外には馴染みが薄いが、この講座制は、もともと教育だけでなく研究の機能を有した旧制大学の、それも帝国大学固有の組織原理であり、それが新制大学にそのまま受け継がれたものであった（神戸大学は旧帝大ではないが、経営学部は研究機能を備えた学部として、他の一部の学部とともに講座制が例外的に認められていた）。

他方、国立大学において講座とは異なる組織原理として「学科目制」と呼ばれる仕組みがあり、この学科目制の下では、（研究ではなく）教育に必要とされる主要教科目に応じ、教科目ごとに一人の教授ないし助教授が任意に配置されるシステムになっている。研究機能が期待されない高等教育機関は、旧制高校も専門学校も学科目制がとられ、講座制とは明確に差異化されてきたのである。

文部省は、こうした講座制と学科目制という2つの制度を使い分けることにより、教員の配置だけではなく、各国立大学への予算配分、とりわけ教員一人当たりの校費の配分単価や学生定員、大学院博士課程の設置といった点にも差異を反映させ、両者を意図的に差別化してきたのであった。

そして、この講座制と学科目制の最大の相違は、何といっても、前者が研究と教育のための組織原理であり、後者は教育のための組織原理であるという点である。文部省令として出された１９５６年の大学設置基準にもそのことは明記されている。換言すれば、研究者養成の機能は講座制を敷く大学にのみ期待されていたということである【[1]195頁】。

一連の大学改革の中でこの講座制が制度として公式に廃止されたことは、とりもなおさず、国立大学においてなされてきた従来型の研究者養成機能が失われたことを意味している。これまで講座制の下で研究者養成を担ってきた各国立大学は、大学院重点化施策により旧来の講座を大幅に集約・再編した大学院講座の下において、研究者養成システムを作り直す必要に迫られたのであった。

神戸大学経営学部の講座制

神戸大学経営学部では、講座の教授が後任となる助手または助教授を採用する際に、後任者との年齢差は20歳前後というルールがある。いわば、講座のボスである教授がちょうど定年退職する年度あたりに後任者が教授に昇進し、その講座を受け継いでいくことが期待されたシステムである。講座の後任者は、講座の教授が在籍しているうちは教授の開講するゼミナールを聴講し一緒に議論に参画したり、研究プロジェクトを教授と一緒に手掛けたりといった形で、その講座固有の研究・教育に関する発想や知恵、ノウハウが自ずと後任者に伝達されていく仕組みであった。

講座では、学生に授業科目を提供するための学科目とは違い、時代が移り変わってもその領域の研究教育が後世へ引き継がれてゆくシステムとなっている。経営学の研究にあたり基幹となる領域が各講座として定められているのであり、それらの領域の研究教育が急に不要になったり、取りやめられたりといったようなことは、その組織原理からしてあり得ない。いわば、学問研究における知恵や方法を後世へ伝承させていたくためのメカニズムが講座制という制度に埋め込まれていたといってよい。その領域を単に教えるためのポストという意味合いを越えた共同体的な組織原理が神戸大学経営学部における講座制だったのである。

本書の各章には、神戸大学経営学部における講座制がいかに機能し、研究者を育成輩出してきたかに関する歴史が記述されている。一連の大学改革の中で、講座制や学科目制という制度的枠組み自体が大学設置基準から消失し、講座制への国からの予算措置がなくなった今もなお、神戸大学経営学部では、旧講座を「ユニット」と呼び、実質的に従来型の研究者養成のシステムを継続させようと努めている。経営学の老舗スクールとして、こうした研究者養成機能の重要性は時代を経ても変わらないと我々は捉えているためである。

経営学部において研究教育の基幹となると思われる領域は、図表4－3（81頁）で示したように、講座制が公式的に廃止された現在においても、それぞれのユニットの名称で旧来の各講座が継承されている（歴史的変遷については、巻末254－255頁の付録2に示した講座・ユニット変遷図を参照願いたい）。

いわば、経営学の基幹となる各領域の基本問題と新しい課題とが、各ユニットにおいて研究されているのである。加えて、時代の要請に応じて新たに研究教育が必要と思われる領域については、随時、非ユニット科目が設けられ（例えば、「人事制度設計」、「経営心理学」、「サプライチェーンマネジメント」等）、ユニットでの研究と教育が適宜補完される仕組みになっている。

こうして、神戸大学経営学部はこれまでの講座制の歴史と伝統を踏まえつつ、各領域における根本問題を探究するとともに、常に時代の要請に合わせ、それぞれの時代に必要とされる新しい課題にも挑戦を続けてきた。読者各位には、そうした神戸大学経営学部の奮闘努力を、本書のそれぞれの時代の文脈からお読み取りいただければ幸いである。

日本の経営学

経済社会のあらゆる側面でグローバリゼーションが急速に進展する中、目下、日本の経営学は欧米の経営学に比べ遅れているのではないかという疑念がもたれており、経営学の世界でも世界標準《グローバルスタンダード》を目指した研究教育を行うべきかどうかが、学界での大きな関心事となっている。

例えば、日本経営学会の第94回大会（２０２０年９月）でも統一論題にこうしたテーマが取り上げられ（「日本の経営学者はどこに向かうべきか―「世界標準」の経営学と日本の経営学―」）真摯な議論が繰り広げられたし【[55]】、組織学会でも「「日本」の組織を研究する意義の再検討」といったテーマが、機関誌『組織科学』（２０２０年、53巻４号）に特集され話題になっている【[121]】。

確かに、世界を見据えた経営学の研究は必要であるし、大いに挑戦されるべきではあろう。経営学の領域でも、ランキングの高い海外査読誌への掲載を目指す研究スタイルも若手を中心に関心が強まっているし、神戸大学においても、学長のリーダーシップの下、そうした研究姿勢は大学ランキングを上げる観点から大いに推奨されている。

しかし、世界を目指すことは、本書で見たような日本固有の文脈があって経営学という学問領域が生まれ、今日に至るまで発展を遂げてきたという事実を無視し、世界と同化することを目指す行為ではないはずである。これからの経営学の研究教育のありようを構想するにあたり、日本の経営学が辿ったこれまでの歴史は決して忘れられるべきではないし、歴史から学ばねばならないことはむしろ多々存在している。

とりわけ、人間や社会、価値意識をも直接研究の対象とする経営学にあっては、自然科学のようにすべてを「見える化」して客観視できる世界とは違い、万人が認める「世界標準」が確固として存在するわけではない。その意味では、各種ランキングの類を絶対視しその上昇をひたすら目指すだけという研究姿勢は、社会科学者として手放しで推奨されるべきではない。

経営学という学問領域の発展のために、本書で紹介してき

神戸大学正門より六甲台本館を臨む＜編著者撮影＞

た先人たちの奮闘努力、障壁にぶち当たるたびに都度編み出されてきた研究教育上のさまざまな工夫や叡智を後世に伝えていくことが、日本の経営学を牽引してきた神戸大学経営学部に与えられた大きな使命であるといえるだろう。

謝　辞

さて、本書の締め括りとして、上梓にあたりお世話になった関係各位に感謝の意を述べて、結びとさせていただきたい。

まず、本書の執筆にあたり、神戸大学経営学部を卒業された諸先輩方には、コロナ禍の中でインタビューに応じていただくなど、情報の収集に多大なご協力をいただいた。資料や文献だけからは得ることの難しい先輩諸氏の生の声が本書の随所に活かされている。逐一お名前を挙げることは差し控えるが、ご多忙の中、真摯なご協力を賜った関係各位に心から感謝の意を申し上げる。

また、本書の上梓にあたっては、神戸大学ＭＢＡ創立30周年記念事業に対する各方面からのご寄附の余剰金から一部助成を頂いている。当該事業の一環として２０１９年4月に記念シンポジウムが執り行われたが、その際、本学ＭＢＡ修了生のほか、個人・法人を含め多くの方々から多大なるご支援とご寄附を賜った。神戸大学ＭＢＡプログラムは、本書第6章でも紹介したように、神戸大学経営学部の大きな特色ある教育プログラムの一つであり、今日の経営学部の研究教育活動を支える大きな力となっている。ご寄附いただいた各位に対し、衷心から謝意を申し上げるものである。

なお、このご寄附の余剰金の一部は、本書とともに発刊されるＭＢＡ生向けテキストブック『プレＭＢＡの知的武装』（神戸大学専門職大学院［ＭＢＡ］編、中央経済社、２０２１年）の刊行にあたっても活用させていただいた。神戸大学ＭＢＡの基本理念であるResearch-Based Educationの一端をご覧いただけるので、こちらも本書の姉妹書として是非ご一読をお願いできれば幸いである。

ところで、本書は経営学という学問領域の成立とその展開を中心に編纂したため、狭義の経営学領域についての記述が中心となっており、会計学や商学、経営情報科学の領域については殆ど言及できていない。とりわけ、第Ⅱ部の教育研究分野の展開については、紙幅の制約もあって、神戸大学経営学部の設立初期から存在した狭義の経営学系の講座のみに絞って紹介せざるを得なかった。いうまでもなく、本書で十分に取り上げることができなかったこれらの諸領域についても、神戸大学は狭義の経営学領域と並んで日本の学界を常にリードしてきたし、今も時代の先端を走り続けている。こうした形で本書を刊行することをご諒解下さった神戸大学経営学部の教授会構成員の皆様にも御礼申し上げる次第である。今回触れることのできなかった、これらの教育研究分野の展開に関するご紹介は、他日を期したいと思う。

ちなみに、会計学の領域については、神戸大学名誉教授・岡部孝好氏による好著『神戸高商と神戸商大の会計学徒たち』【［30］】が刊行されているので、そちらもお読みいただくことで、神戸大学経営学部へのご理解をいっそう深めることができると思う。本書と併せてご一読をお勧めしたい。

このほか、本書の刊行にあたっては、内外の多くの方々から大きなご支援を賜った。経営学研究科研究助成室の池上葉子氏は資料の収集整理や写真撮影、校正等の作業を献身的にサポートくださった。また，（一社）凌霜会事務局の堀口雅一氏からは貴重な情報をお寄せいただいたし，本学ご卒業の平岡 巖氏，本間健一氏，松村琭郎氏には貴重な絵画やスケッチ画の転載にあたり真摯なご協力を賜った。これらの方々に対しても，この場をお借りして厚く御礼申し上げたい。

そして，末筆になってしまったが，本書の執筆をお勧めくださった㈱中央経済社代表取締役社長の山本 継氏をはじめとする関係各位，とりわけ本書の企画段階からご支援を賜り，編著者からの度重なる無理難題のご相談にも真摯にご対応くださった同社学術書編集部編集長の納見伸之氏に，心からの謝意を表するものである。

参考・引用文献一覧

〔本文等での文献情報の記載は、この一覧の各文献の冒頭に付した番号に基づいて表記している。また諸会議や講義要綱等の内部資料についてはここに掲載せず、必要に応じて本文中で資料名を明記している。〕

［1］ 天野郁夫［2006］「国立大学論」国立大学財務・経営センター『大学財務経営研究』3号、193−223頁。
［2］ 天野雅敏［2003］「神戸高等商業学校の精神史に関する一考察」『国民経済雑誌』187巻3号、49−60頁。
［3］ 砂川伸幸［2000］『財務政策と企業価値（神戸経営学双書9）』有斐閣。
［4］ 砂川伸幸［2017］『コーポレートファイナンス入門（第2版）』日本経済新聞出版社。
［5］ 砂川伸幸・笠原真人［2015］『はじめての企業価値評価』日本経済新聞出版社。
［6］ 砂川伸幸・川北英隆・杉浦秀徳［2008］『日本企業のコーポレートファイナンス』日本経済新聞出版社。
［7］ 砂川伸幸・川北英隆・杉浦秀徳・佐藤淑子［2013］『経営戦略とコーポレートファイナンス』日本経済新聞出版社。
［8］ 市原季一［1954］『ドイツ経営学』森山書店。
［9］ 市原季一［1957］『ドイツ経営政策』森山書店。

［10］　市原季一［1959］『西独経営経済学』森山書店。
［11］　市原季一［1965］『西独経営社会学』森山書店。
［12］　市原季一［1975］『経営学論考』森山書店。
［13］　市原季一［1981］『ドイツ経営学研究（市原季一著作集）全5巻』森山書店。
［14］　市原季一先生追悼記念事業会編［1981］『回想』森山書店。
［15］　稲葉　襄［1958］『工業経営論序説』森山書店。
［16］　稲葉　襄［1962］『中小工業経営論（序説）』森山書店。
［17］　占部都美［1958］『経営学の方法』森山書店。
［18］　占部都美［1958］『経営形態論』森山書店。
［19］　占部都美［1963］『危ない会社』光文社。
［20］　占部都美［1966］『近代管理学の展開』有斐閣。
［21］　占部都美［1968］『経営管理論』白桃書房。
［22］　占部都美［1969］『事業部制と利益管理』白桃書房。
［23］　占部都美編著［1980］『経営学辞典』中央経済社。
［24］　占部都美［1980a］『経営学原理』白桃書房。
［25］　占部都美［1980b］『経営形態論』白桃書房。
［26］　占部都美［1981］『近代管理論』白桃書房。
［27］　大阪商科大学六十年史編纂委員会編［1944］『大阪商科大学六十年史』大阪商科大学六十年史編纂委員会。
［28］　小笠原英司［2013］「経営経済学と経営管理学」経営学史学会監修・小笠原英司編著『日本の経営学説Ⅰ』文眞堂、1－14頁。

〔29〕岡田昌也〔1980〕「市原季一先生―人と学問」『国民経済雑誌』142巻2号、114－141頁。
〔30〕岡部孝好〔2017〕『神戸高商と神戸商大の会計学徒たち』神戸新聞総合出版センター。
〔31〕奥林康司〔2009〕「人を愛し愛された経営学者　古林喜楽」『広報誌　神戸大学最前線』11号、28頁。
〔32〕奥林康司編著〔1995〕『変革期の人的資源管理』中央経済社。
〔33〕奥林康司編著〔2000〕『現代の企業システム（海道 進先生喜寿記念論文集）』税務経理協会。
〔34〕奥林康司・庄村 長・竹林 明・森田雅也・上林憲雄〔1994〕『柔構造組織パラダイム序説』文眞堂。
〔35〕小野二郎〔1970〕「故丹波康太郎先生―その人と学問」『国民経済雑誌』122巻2号、99－117頁。
〔36〕海道 進〔1966〕「古林喜楽博士と経営学」『国民経済雑誌』114巻2号、95－113頁。
〔37〕海道 進〔1970〕『社会主義賃金の理論』ミネルヴァ書房。
〔38〕海道 進〔1974〕『経営労働論（上）』千倉書房。
〔39〕海道 進〔1977〕『経営労働論（中）』千倉書房。
〔40〕海道 進〔1983〕『社会主義企業概論（上）』千倉書房。
〔41〕海道 進〔1984a〕『社会主義企業概論（中）』千倉書房。
〔42〕海道 進〔1984b〕『社会主義企業概論（下）』千倉書房。
〔43〕海道 進〔1997〕「日本的経営学の展開」日本経営学会編『現代経営学の課題（経営学論集67）』千倉書房29－47頁。
〔44〕加護野忠男〔1980〕『経営組織の環境適応』白桃書房。
〔45〕加護野忠男〔1988〕『組織認識論』千倉書房。
〔46〕加護野忠男〔2008〕「「働きながら学ぶ」意義と効用」現代経営学研究所編『Business Insight』16巻1号、6－7頁。
〔47〕加護野忠男・山田幸三・吉村典久〔2013〕「対談　日本のコーポレート・ガバナンスを問う」『碩

学舎ビジネス・ジャーナル』No.11、2－17頁。

［48］加護野忠男・金井壽宏［1983］「占部都美先生―人と学問」『国民経済雑誌』148巻3号、139－160頁。

［49］加護野忠男・野中郁次郎・榊原清則・奥村昭博［1983］『日米企業の経営比較』日本経済新聞社。

［50］加護野忠男・山田幸三編著［2016］『日本のビジネスシステム』有斐閣。

［51］片岡信之・奥林康司［1986］「海道進先生―人と学問」『国民経済雑誌』154巻5号、119－138頁。

［52］金井壽宏［1993］『ニューウェーブ・マネジメント』創元社。

［53］上林憲雄・平野光俊・森田雅也編著［2014］『現代　人的資源管理（奥林康司先生古稀記念論文集）』中央経済社。

［54］上林憲雄［2001］『異文化の情報技術システム』千倉書房。

［55］上林憲雄［2021］「日本の経営学が進む道」『日本経営学会誌』46号、60－68頁（近刊）。

［56］上林憲雄・平野光俊編著［2019］『日本の人事システム』同文舘出版。

［57］教育史学会・教育史学会60周年記念出版編集委員会編著［2018］『教育史研究の最前線2』六花出版。

［58］経営グルッペ編集部編［1954］『経営グルッペ』16巻。

［59］経営グルッペ編集部編［1960］『経営グルッペ』22巻。

［60］現代経営学研究所編集部［2009］「特集　神戸大学MBA20周年」現代経営学研究所編『Business Insight』17巻2号、4－14頁。

［61］現代経営学研究所編集部［2019］「神戸大学MBA創立30周年記念シンポジウムのご報告」現代経営学研究所編『Business Insight』27巻2号、74－75頁。

［62］神戸高等商業学校学友会編［1928］『筒台廿五年史』筒台史編纂会。

［63］神戸商業大学編［1934］『神戸商業大学概要　昭和九年十二月』神戸商業大学。

〔64〕神戸大学ＭＢＡホームページ：「神戸大学ＭＢＡ30周年によせて（石井淳蔵先生からのメッセージ）」（https://mba.kobe-u.ac.jp/30th_anniversary/prof_ishii/）、２０２０年8月5日閲覧。
〔65〕神戸大学経営学研究室編［１９７２］『平井泰太郎　経営学論集』千倉書房。
〔66〕神戸大学大学院経営学研究室編［１９９９］『経営学大辞典（第2版）』中央経済社。
〔67〕神戸大学経営学部編［１９８１］「神戸大学経営学部八十年小史」神戸大学経営学部。
〔68〕神戸大学経営学部編［１９９２］「経営学におけるＣＯＥを目指して」神戸大学経営学部自己評価報告書。
〔69〕神戸大学経営学部編［１９９４］「オープン・アカデミズムへの挑戦」神戸大学経営学部自己評価報告書。
〔70〕神戸大学経営学部編［２００２］「神戸大学経営学部案内」神戸大学経営学部パンフレット。
〔71〕神戸大学大学院経営学研究科評価委員会編［２００３］「オープンアカデミズムの新時代」神戸大学大学院経営学研究科自己評価・外部評価報告書（２００２－２００３）。
〔72〕神戸大学百年史編集委員会編［２００２］『神戸大学百年史：通史Ⅰ　前身校史』神戸大学。
〔73〕神戸大学百年史編集委員会編［２００５］『神戸大学百年史：部局史』神戸大学。
〔74〕神戸大学百年史編集委員会編［２０１０］『神戸大学百年史：通史Ⅱ　新制神戸大学史』神戸大学。
〔75〕古林喜樂［１９６０］「平井経営学の構想」『国民経済雑誌』102巻4号、16－26頁。
〔76〕古林喜樂［１９６７］『教授・学長・学生』日本評論社。
〔77〕小松　章・河野大機［２０１３］「上田貞次郎・増地庸治郎」経営学史学会監修・小笠原英司編著『日本の経営学説Ⅰ』文眞堂、15－46頁。
〔78〕榊原茂樹［１９８６］『現代財務理論』千倉書房。
〔79〕榊原茂樹［１９９２］『株式ポートフォリオのリスク管理』東洋経済新報社。

[80] 榊原茂樹［1992］「森昭夫先生―人と学問」『国民経済雑誌』166巻4号、137－161頁。
[81] 榊原茂樹・青山　護・浅野幸弘［1998］『証券投資論（第3版）』日本経済新聞出版社。
[82] 榊原茂樹・菊池誠一・新井富雄・太田浩司［2011］『現代の財務管理（新版）』有斐閣。
[83] 榊原茂樹・城下賢吾・姜　喜永・福田司文・岡村秀夫［2013］『入門証券論（第3版）』有斐閣。
[84] 榊原茂樹・岡田克彦編著［2012］『1からのファイナンス』碩学舎。
[85] 坂下昭宣［1985］『組織行動研究』白桃書房。
[86] 坂下昭宣［2014］『経営学への招待（新装版）』白桃書房。
[87] 坂本藤良［1958］『経営学入門』光文社。
[88] 作道好男・江藤武人編著［1976］『神戸大学凌霜七十年史』財界評論新社。
[89] 島田三郎編著［1913］『矢野二郎伝』実業之日本社。
[90] 襄山会編［1956］『襄山』2号。
[91] 鈴木竜太［2013］『関わりあう職場のマネジメント』有斐閣。
[92] 橘木俊詔［2012］『三商大　東京・大阪・神戸』岩波書店。
[93] 田村正紀［1993］「創刊の言葉」現代経営学研究学会編『Business Insight』1巻1号、6－7頁。
[94] 田村正紀［2015］「神戸大学MBAの原点」神戸大学専門職大学院（MBA）編『人生を変えるMBA』有斐閣、195－203頁。
[95] 田村正紀・谷　武幸［1990］「経済教室」『日本経済新聞』1990年12月6日朝刊。
[96] 丹波康太郎［1957］『資本會計』中央経済社。
[97] 丹波康太郎［1971］『企業資本の研究』千倉書房。
[98] 丹波康太郎先生追悼記念事業会編［1971］『丹波康太郎先生を偲んで』丹波康太郎先生追悼記念事業会。

［99］ 中野常男［１９９９］「神戸大学における会計学の教育と研究の系譜（前身校編）」『研究年報（神戸大学大学院経営学研究科）』45号、71－124頁。
［100］ 西村 剛［２０１９］「古林喜樂の経営労務論に関する一考察」『尾道市立大学経済情報論集』19巻１号、37－58頁。
［101］ 日本学術振興会ホームページ：「21世紀ＣＯＥプログラム」（https://www.jsps.go.jp/j-21coe/）、２０２０年８月31日閲覧。
［102］ 日本経営学会編［２０１７］『日本経営学会史』千倉書房。
［103］ 庭本佳子［２０１４］「組織能力におけるＨＲＭの役割」『経営学の再生（経営学史学会年報第21輯）』文眞堂、127－138頁。
［104］ 庭本佳子［２０２０］「経営学における労働概念の考察」『経営学の「概念」を問う（経営学史学会年報第27輯）』文眞堂、52－66頁。
［105］ 沼上 幹［２００９］『経営戦略の思考法』日本経済新聞出版社。
［106］ 野中郁次郎「私の履歴書 野中郁次郎」『日本経済新聞』２０１９年９月17日朝刊。
［107］ 野中郁次郎・加護野忠男・小松陽一・奥村昭博・坂下昭宣［１９７８］『組織現象の理論と測定』千倉書房。
［108］ 林 健二［１９３６］『企業金融論』千倉書房。
［109］ 東奭五郎（渡辺宗熙編）［１９７７］『ある会計人の半生』沢村一男。
［110］ 平井泰太郎［１９２０］「『ぱちおり簿記書』研究」神戸會計學會編『會計學論叢』４輯、73－194頁。
［111］ 平井泰太郎［１９２７］「経営学に於ける実用主義」『商業研究所講演集（第38冊）』神戸高等商業学校商業研究所。
［112］ 平井泰太郎［１９３２ａ］『経営学文献解説（商学全集第42巻）』千倉書房。

[113] 平井泰太郎［1932b］『経営学入門』千倉書房。
[114] 平井泰太郎［1932c］『産業合理化圖録』春陽堂。
[115] 平井泰太郎［1935］『経営学通論』千倉書房。
[116] 平井泰太郎編［1952］『経営学辞典』ダイヤモンド社。
[117] 平井泰太郎［1954］「経営学専門部の経緯」凌霜五十年編輯委員会編『凌霜五十年』凌霜会、106－108頁。
[118] 平井泰太郎先生追悼記念事業会編［1974］『種を播く人』平井泰太郎先生追悼記念事業会。
[119] 福澤諭吉［2003］「尚商立国論」小室正紀編『福澤諭吉著作集第6巻：民間経済録・実業論』慶應義塾大学出版会、269－280頁。
[120] 福田敬太郎［1955］『商学総論』千倉書房。
[121] 藤本隆宏［2020］「発信せんとや生まれけむ」『組織科学』53巻4号、18－28頁。
[122] 米花 稔［1994］「経営計算室から経営機械化研究所そして経済経営研究所まで」『神戸大学史紀要』4号、1－10頁。
[123] 毎日新聞社神戸支局編［1978］『神戸大学―キャンパスの人々』毎日新聞出版社。
[124] 増田正勝［2012］「平井泰太郎博士とドイツ経営学」『広島経済大学経済研究論集』34巻4号、5－19頁。
[125] 増田正勝［2013］「平井泰太郎」経営学史学会監修・片岡信之編著『日本の経営学説Ⅱ』文眞堂、24－51頁。
[126] 増地庸治郎［1926］『経営経済学序論』同文館。
[127] 三品和広［2004］『戦略不全の論理』東洋経済新報社。
[128] 水島銕也［1899］「我国民と商業思想」『商業世界』1巻12号、5－6頁。

［129］水島銕也［１９０５］「商業教育に就て」永島兵五郎編『名家実話集』正文社、100－106頁。

［130］宮尾　学［２０１６］『製品開発と市場創造』白桃書房。

［131］宮本又郎・阿部武司・宇多川勝・沢井　実・橘川武郎［２００７］『日本経営史（新版）』有斐閣。

［132］宗像正幸［１９７７］「稲葉　襄先生―人と学問」『国民経済雑誌』136巻５号、117－137頁。

［133］宗像正幸［１９８９］『技術の理論』同文舘出版。

［134］宗像正幸・坂本清・貫　隆夫編著［２０００］『現代生産システム論』ミネルヴァ書房。

［135］森　昭夫［１９６３］『企業自己金融論』千倉書房。

［136］森　直哉［２０１７］『配当政策のパズル』中央経済社。

［137］森　直哉［２０１８］『図解コーポレートファイナンス（新訂2版）』創成社。

［138］山崎誉雄編［１９８１］『福田敬太郎先生追悼論文集』名古屋学院大学産業科学研究所。

［139］山城　章［１９５８］『経営管理全書　第一巻　経営』日本経済新聞社。

［140］山本安次郎［１９７７］『日本経営学五十年』東洋経済新報社。

［141］吉田和夫［１９９２］『日本の経営学』同文舘出版。

［142］吉原英樹・佐久間昭光・伊丹敬之・加護野忠男［１９８１］『日本企業の多角化戦略』日本経済新聞社。

［143］凌霜五十年編輯委員会編［１９５４］『凌霜五十年』神戸大学。

［144］和田一夫［２００９］『ものづくりの寓話』名古屋大学出版会。

［145］渡部義雄編［１９３９］『水島銕也先生伝』愛庵会。

［146］Abegglen, J.C. [1958] *The Japanese Factory*, Free Press（占部都美監訳『日本の経営』ダイヤモンド社、１９５８年）.

［147］Ansoff, H.I. [1965] *Corporate Strategy*, McGraw-Hill（広田寿亮訳『企業戦略論』産業能率短期大学出版部、１９６９年）.

[148] Barnard, C.I. [1938] *The Functions of the Executive,* Harvard University Press（山本安次郎ほか訳『経営者の役割』ダイヤモンド社，１９６８年）.

[149] Chandler, A.D., Jr. [1962] *Strategy and Structure,* MIT Press（三菱経済研究所訳『経営戦略と組織』実業之日本社，１９６７年）.

[150] Drucker, P.F. [1954] *The Practice of Management,* Harper & Row（野田一夫監修・現代経営研究会訳『現代の経営』ダイヤモンド社，１９６５年）.

[151] Hara, T. [2003] *Innovation in the Pharmaceutical Industry,* Edward Elgar.

[152] Hirai, Y. und Isaac, A. Hg. [1925] *Quellenbuch der Betriebswirtschaftslehre,* Berlin.

[153] Koontz, H.D. and O'Donnell, C.J. [1964] *Principles of Management,* 3rd edition, McGraw-Hill（大坪 壇訳『経営管理の原則Ⅰ』ダイヤモンド社，１９６５年，他３冊）.

[154] Mintzberg, H.B., Ahlstrand, W. and Lampel, J. [2009] *Strategy Safari,* Free Press（齋藤嘉則監訳，木村充・奥澤朋美・山口あけも訳『戦略サファリ（第２版）』東洋経済新報社，２０１３年）.

[155] Porter, M.E. [1980] *Competitive Strategy,* Free Press（土岐 坤・中辻萬治・服部照夫訳『競争の戦略』ダイヤモンド社，１９８２年）.

[156] Sakakibara, S., Yamaji, H., Sakurai, H., Shiroshita, K. and Fukuda, S. [1988] *The Japanese Stock Market,* Praeger.

[157] Sanders, T.H., Hatfield, H.R. and Moore, U. [1938] *A Statement of Accounting Principles,* American Institute of Accountants（山本 繁ほか訳『ＳＨＭ会計原則』同文舘出版，１９７９年）.

[158] Simon, H.A. [1960a] *The New Science of Management Decision,* Harper & Row.

[159] Simon, H.A. [1960b] *Administrative Behavior,* Macmillan（松田武彦ほか訳『経営行動』ダイヤモンド社，１９６５年）.

[160] United Technologies Corporation [1986] *Gray Matter*, United Technologies Corporation（岡田芳郎・楓セビル・田中 洋訳『アメリカの心』学生社、１９８７年）.

出光佐三記念六甲台講堂内のエントランス
イラスト／松村琢郎

付録1　神戸大学経営学部の略年表

1902年	3月	神戸高等商業学校の設置（神戸市葺合区筒井ケ丘） 初代校長は水島銕也
1903年	5月	神戸高等商業学校の授業開始
1914年	8月	神戸高等商業学校に調査課を設置
1919年	10月	調査課を商業研究所に改称
1921年	6月	神戸高等商業学校で兼松記念館の開館
1923年	3月	帝国議会で神戸高等商業学校の大学昇格の決定
1924年	9月	神戸高等商業学校の同窓会として凌霜会の発足
1926年	4月	神戸高等商業学校で経営学の講義を開講
	7月	日本で最初の経営学に関する学会として日本経営学会の発足
1929年	4月	神戸商業大学の設置 初代学長は田崎愼治 神戸商業大学附属商学専門部の設置 商業研究所を神戸商業大学商業研究所に改称
1932年	4月	神戸商業大学附属商業専門部の廃止
1934年	7月	神戸市灘区六甲台に学舎を移転
1940年	4月	神戸商業大学予科の設置
1944年	4月	神戸商業大学商業研究所を神戸商業大学大東亜研究所に改称 神戸商業大学経営計録講習所の設置
	8月	神戸商業大学経営機械化研究所の設置
	10月	神戸商業大学を神戸経済大学に改称 経済学科、経済行政学科、大東亜経済学科、経営学科
1945年	10月	神戸経済大学大東亜研究所を神戸経済大学経済研究所に改称
1946年	7月	GHQによる神戸経済大学学舎の一部接収の決定
	8月	神戸経済大学附属経営学専門部の設置
1947年	3月	神戸経済大学経営計録講習所の廃止
	6月	神戸経済大学第二学部の設置
1949年	5月	神戸大学の設置 初代学長は田中保太郎 経済学部（同第二学部）、経営学部（同第二学部）、法学部、文理学部、教育学部、工学部の発足 経営学部に経営学科、商学科を設置 神戸大学経済経営研究所の附置
1950年	3月	神戸経済大学予科の廃止
1951年	3月	神戸経済大学附属経営学専門部の廃止
	9月	日本で最初の経営学博士として神戸大学より平井泰太郎に経営学博士を授与
1953年	3月	神戸経済大学第二学部の廃止
	4月	神戸大学に大学院（修士課程、博士課程）を設置 経済学研究科、経営学研究科、法学研究科 経営学研究科に経営学・会計学専攻、商学専攻を設置
1962年	3月	神戸経済大学の廃止
1968年	3月	経営学部に会計学科を設置 経営学科、会計学科、商学科

		経営学研究科に会計学専攻を設置
		経営学専攻、会計学専攻、商学専攻
	12月	大学紛争にともなう事務局事務室の封鎖
1969年	8月	大学紛争にともなう封鎖解除
1975年	4月	経営学研究科の修士課程と博士課程を博士課程（博士課程前期課程と博士課程後期課程）に改組
1987年	4月	経営学部で企業等の幹部が講義を担当するトップマネジメント講座を開講
1988年	4月	社会人専任教官制の開始
1989年	4月	経営学研究科で社会人MBAプログラムを実験的に開始
1991年	4月	経営学研究科に独立専攻の修士課程として日本企業経営専攻を設置
1993年	3月	産学連携のプラットフォームとして現代経営学研究学会を創設
	4月	講座制から大講座制およびユニット制に移行
		経営学部第二課程の廃止
		経営学部に昼間主コース、夜間主コースを設置
		経営学科、会計学科、市場システム学科、国際経営環境学科
		経営学研究科博士課程後期課程に日本企業経営専攻を設置
1995年	4月	経営学部昼間主コースに３年次編入学制度を導入
		経営学研究科の経営学専攻、会計学専攻、商学専攻を再編
		マネジメント・システム専攻、企業システム専攻、経営総合分析専攻、日本企業経営専攻
1998年	4月	大学院重点化計画の開始
		マネジメント・システム専攻、会計システム専攻（旧：経営総合分析専攻）を大学院講座化
		経営学部の経営学科、会計学科、商学科、国際経営環境学科を経営学科に再編
1999年	4月	大学院重点化計画の完成
		市場科学専攻（旧：企業システム専攻）、現代経営学専攻（旧：日本企業経営専攻）を大学院講座化
2001年	4月	経営学部で会計専門職業人の育成を目的として会計プロフェッショナル育成プログラムを開始
2002年	4月	経営学研究科現代経営学専攻を改組して専門大学院を設置
		組織開発、経営政策、事業創造戦略、ビジネスモデル革新
	5月	神戸大学創立百周年記念式典の挙行
2003年	3月	六甲台本館、六甲台講堂、兼松記念館、社会科学系図書館が国の登録有形文化財に登録
	4月	文部科学省による大学院制度の改変にともない専門大学院を専門職大学院に移行
		21世紀COEプログラム（研究拠点形成費等補助金）に採択
2004年	3月	大阪経営教育センターの開設
		中国コラボレーションセンターの開設
	4月	国立大学法人法の施行にともない設置者が国から国立大学法人神戸大学に移行（国立大学法人化）
		現代経営学研究学会を特定非営利活動法人現代経営学研究所（RIAM）に改組
2006年	4月	経営学部夜間主コースの学生募集の停止
		専門職大学院の定員の拡充

2009年	7月	六甲台講堂を出光佐三記念六甲台講堂に改称
2012年	4月	経営学研究科博士課程後期課程のマネジメント・システム専攻、会計システム専攻、市場科学専攻、現代経営学専攻を経営学専攻に改組
		経営学研究科博士課程前期課程のマネジメント・システム専攻、会計システム専攻、市場科学専攻を経営学専攻に改組
		社会科学系教育研究府の設置
2013年	4月	経営学研究科博士課程前期課程にSESAMIプログラム履修コースを設置
2015年	4月	経営学研究科博士課程前期課程SESAMIプログラム履修コースを経営学博士課程前期課程GMAP in Management（SESAMI）プログラム履修コースに改称
2016年	4月	社会科学系教育研究府を社会システムイノベーションセンターに改組
		経営学部で特別な少人数演習教育を行う経営学特別学修プログラムを開始
		グローバルな高度専門職人材を育成することを目的として、5年間で経営学の学士号と修士号を取得するKIMERAプログラムを開始
	10月	新たに教員組織として経営学域を設置し、教員の所属は経営学域となる

ユニット変遷図

1993年 大講座制開始 大講座名	旧講座名		1999年 大学院重点化完了 大講座名	ユニット名		2012年 大学院一専攻化 ユニット名		2020年 現在 ユニット名
経営学科			**マネジメント・システム専攻**			**経営学系**		**経営学系**
					⑩→	経営戦略	→	経営戦略
経営システム	経営管理学	→	経営システム	経営管理	→	経営管理	→	経営管理
	経営財務論			財務システム	→	コーポレート・ファイナンス	→	コーポレート・ファイナンス
	公益企業経営			企業政府関係	→	企業政府関係	→	企業政府関係
	経営学基礎論	→② ④→		人的資源管理	→	人的資源管理	→	人的資源管理
経営情報科学	経営統計	→	経営情報科学	経営統計	→	経営統計	→	経営統計
	経営数学			決定分析	→	決定分析	→	決定分析
	情報管理論			経営情報	→	経営情報	→	経営情報
			国際経営・比較経営システム	国際経営システム	→	国際経営システム	→	経営史
				比較経営システム	→	戦略マネジメント	→	戦略マネジメント
					⑫→	人的ネットワーク	→	人的ネットワーク
					⑬→	生産ネットワーク	→	生産ネットワーク
会計学科			**会計システム専攻**			**会計学系**		**会計学系**
財務会計	簿記	→	財務会計	簿記システム	→	簿記・会計史	→	簿記・会計史
	会計学総論			財務報告システム	→	財務報告システム	→	財務会計
	会計監査			監査システム	→	監査システム	→	監査システム
	税務会計			課税所得会計	→	税務会計	→	税務会計
管理会計	原価計算	→	管理会計	コスト・マネジメント	→	コスト・マネジメント	→	コスト・マネジメント
	管理会計論			管理会計システム	→	管理会計システム	→	管理会計システム
	会計学基礎論			会計情報	→	会計情報	→	会計情報
		⑥→		国際会計	→	国際会計	→	国際会計
				[社会環境会計]	→	社会環境会計	→	社会環境会計
市場システム学科			**市場科学専攻**			**商学系**		**商学系**
マーケティング	マーケティング	→	マーケティング・消費文化分析	マーケティング	→	マーケティング	→	マーケティング
	流通システム			流通システム	→	流通システム	→	流通システム
	市場管理論			マーケティング・マネジメント	→	マーケティング・マネジメント	→	マーケティング・マネジメント
				消費文化分析	→	顧客関係管理	→	顧客関係管理
	交通論			都市交通	→	交通論	→	交通論
ファイナンス	証券市場論	→	ファイナンス	金融システム	→	金融システム	→	金融システム
	証券論			金融市場	→	証券市場	→	証券市場
	金融機関論			金融機関	→	金融機関	→	金融機関
	保険論	→③			⑪→	保険論	→	リスク・マネジメント
		⑦→	国際環境	国際貿易	→	国際貿易	→	国際貿易
		⑧→		物流システム	→	物流システム	→	物流システム
		⑨→		市場経済分析	→	市場経済分析	→	市場経済分析
国際経営環境学科								
国際経営	経営労務論	→④						
	工業経営	→⑤						
	国際会計論	→⑥						
国際環境	貿易論	→⑦						
	国際交通論	→⑧						
	商学基礎論	→⑨						
日本企業経営専攻			**現代経営学専攻**					
経営戦略	経営戦略	→	経営政策科学	経営戦略	→⑩			
		③→		リスク・マネジメント	→⑪			
企業環境	企業環境	②→	企業ネットワーク	人的ネットワーク	→⑫			
		⑤→		生産ネットワーク	→⑬			

目以外に教育上の必要性から設置された授業科目を示す。バーチャル・ユニットは、1993年の大講座制移行時、定員を有効活用するた
に関連する講座が設置された場合には、通常のユニットとなる。また、授業科目としては、ここに掲載されていない臨時増設科目や非

付録2　講座・

1949年 経営学部発足	1953年 大学院設置	1968年 3学科体制	1975年 博士課程改組	1989年 MBA実験的開始	1992年 講座制終了
講座名	講座名	講座名	講座名	講座名	講座名
経営学科	**経営学科**	**経営学科**	**経営学科**	**経営学科**	**経営学科**
経営学第一	経営学第一	経営学総論	経営学総論	経営学総論	→①
経営学第二	経営学第二	経営労務論	経営労務論	経営労務論	経営労務論
	経営形態論	経営形態論	経営管理学	経営管理学	経営管理学
経営学第三	経営財務論	経営財務論	経営財務論	経営財務論	経営財務論
工業経営論	工業経営	工業経営	工業経営	工業経営	工業経営
		公益企業経営	公益企業経営	公益企業経営	公益企業経営
経営統計	経営統計	経営統計	経営統計	経営統計	経営統計
			経営数学	経営数学	経営数学
				情報管理論	情報管理論
				(経営学基礎論)	(経営学基礎論)
農業経営論					
		会計学科	**会計学科**	**会計学科**	**会計学科**
簿記学	簿記	簿記	簿記	簿記	簿記
会計学第一	会計学第一	会計学総論	会計学総論	会計学総論	会計学総論
会計学第二	会計学第二	会計監査	会計監査	会計監査	会計監査
原価計算論	原価計算	原価計算	原価計算	原価計算	原価計算
		管理会計論	管理会計論	管理会計論	管理会計論
		税務会計	税務会計	税務会計	税務会計
			国際会計論	国際会計論	国際会計論
				(会計学基礎論)	(会計学基礎論)
商学科	**商学科**	**商学科**	**商学科**	**商学科**	**商学科**
商学第一	商学	マーケティング	マーケティング	マーケティング	マーケティング
				流通システム	流通システム
				市場管理論	市場管理論
		証券市場論	証券市場論	証券市場論	証券市場論
		証券論	証券論	証券論	証券論
商学第二	貿易論	貿易論	貿易論	貿易論	貿易論
金融機関論	金融機関論	金融機関論	金融機関論	金融機関論	金融機関論
交通論	交通論	交通論	交通論	交通論	交通論
海運論	海運論	海運論	海運論	海運論	海運論(国際交通論)
保険論	保険論	保険論	保険論	保険論	保険論
				(商学基礎論)	(商学基礎論)

修士課程（独立専攻）

	日本企業経営専攻	
①→	経営戦略	→
	企業環境	→

注）（　）は学科目、［　］はバーチャル・ユニットを意味している。学科目は、1993年以前の講座制の下にあって講座の提供する授業科
め、また欠落している研究分野を補うため、従来の講座に加えて設定することにしたものである。バーチャル・ユニットは、新規
ユニット科目も開講されていることがある。なお連携講座と経済経営研究所協力講座は除外している。

執筆者一覧

（執筆順、*は編著者、括弧内は執筆箇所、所属・職名は2021年4月1日現在）

南《みなみ》 知恵子《ちえこ》　神戸大学大学院経営学研究科長・経営学部長・教授《刊行に寄せて》

上林《かんばやし》 憲雄《のりお》*　神戸大学大学院経営学研究科教授《プロローグ、第4章、第11章、エピローグ》

海道《かいどう》ノブチカ　関西学院大学名誉教授《第１章》

井上《いのうえ》 真由美《まゆみ》　高崎経済大学経済学部准教授《学び舎の風景①》

三井《みつい》 泉《いずみ》　日本大学経済学部教授《学び舎の風景②、学び舎の風景③、学び舎の風景⑤》

清水《しみず》 泰洋《やすひろ》*　神戸大学大学院経営学研究科教授《第２章、第３章》

平野《ひらの》 恭平《きょうへい》*　神戸大学大学院経営学研究科准教授《第２章、第３章》

庭本《にわもと》 佳子《よしこ》　神戸大学大学院経営学研究科准教授《第２章、第11章》

加護野《かごの》 忠男《ただお》　神戸大学社会システムイノベーションセンター特命教授、神戸大学名誉教授《学び舎の風景④》

角《すみ》 裕太《ゆうた》　広島経済大学経営学部助教《学び舎の風景⑥》

原《はら》 拓志《たくじ》　関西大学商学部教授、神戸大学名誉教授《第５章、学び舎の風景⑦、第12章》

正司《しょうじ》 健一《けんいち》　神戸大学名誉教授《学び舎の風景⑧》

奥林《おくばやし》 康司《こうじ》　神戸大学名誉教授、大阪国際大学名誉教授《第６章》

平野《ひらの》 光俊《みつとし》　大手前大学副学長・現代社会学部教授、神戸大学名誉教授《第６章、学び舎の風景⑨》

後藤《ごとう》 雅敏《まさとし》　神戸大学大学院経営学研究科教授《学び舎の風景⑩》

中野《なかの》 常男《つねお》　神戸大学名誉教授《第７章》

末廣《すえひろ》 英生《ひでお》　神戸大学大学院経営学研究科教授《学び舎の風景⑪》

服部《はっとり》 泰宏《やすひろ》　神戸大学大学院経営学研究科准教授《学び舎の風景⑫》

藤田《ふじた》 順也《じゅんや》　甲南大学経営学部准教授《第８章》

鈴木《すずき》 一水《かずみ》　神戸大学社会システムイノベーションセンター教授《学び舎の風景⑬》

藤本《ふじもと》 秀俊《ひでとし》　有限会社神戸経営支援センター代表取締役、兵庫県立大学大学院経営研究科特任教授《学び舎の風景⑭》

山田《やまだ》 幸三《こうぞう》　上智大学経済学部教授《第９章》

鈴木《すずき》 竜太《りゅうた》　神戸大学大学院経営学研究科教授《第10章》

宮尾《みやお》 学《まなぶ》　神戸大学大学院経営学研究科准教授《第12章》

榊原《さかきばら》 茂樹《しげき》　神戸大学名誉教授《第13章》

砂川《いさがわ》 伸幸《のぶゆき》　京都大学大学院経営管理研究部教授、神戸大学名誉教授《第13章》

森《もり》 直哉《なおや》　神戸大学大学院経営学研究科教授《第13章》

編著者紹介

上林憲雄　　神戸大学大学院経営学研究科教授

1965年生まれ。神戸大学経営学部卒業、神戸大学大学院経営学研究科博士課程前期課程修了、Warwick Business School博士課程修了。1992年神戸大学経営学部助手。その後、講師、助教授を経て現職。2018年４月から2020年３月まで経営学研究科長・経営学部長。Ph. D.・博士（経営学）。専攻は経営学・人的資源管理。

清水泰洋　　神戸大学大学院経営学研究科教授

1973年生まれ。神戸大学経営学部卒業、神戸大学大学院経営学研究科博士課程前期課程修了、同後期課程修了。2000年神戸大学大学院経営学研究科助教授。その後、准教授を経て現職。博士（経営学）。専攻は財務会計・会計史。

平野恭平　　神戸大学大学院経営学研究科准教授

1979年生まれ。北九州市立大学経済学部卒業、神戸大学大学院経営学研究科博士課程前期課程修了、同後期課程修了。2008年神戸大学大学院経営学研究科准教授となり現在に至る。博士（経営学）。専攻は日本経済史・経営史。

神戸大学正門から神戸港を臨む
イラスト／松村琭郎

経営学の開拓者たち――神戸大学経営学部の軌跡と挑戦

2021年4月15日　第1版第1刷発行

編著者　上林憲雄
清水泰洋
平野恭平

発行者　山本継

発行所　㈱中央経済社

発売元　㈱中央経済グループパブリッシング

〒101-0051　東京都千代田区神田神保町1-31-2
電話　03（3293）3371（編集代表）
03（3293）3381（営業代表）
https://www.chuokeizai.co.jp

印刷／昭和情報プロセス㈱
製本／誠製本㈱

ISBN978-4-502-37751-8　C1033

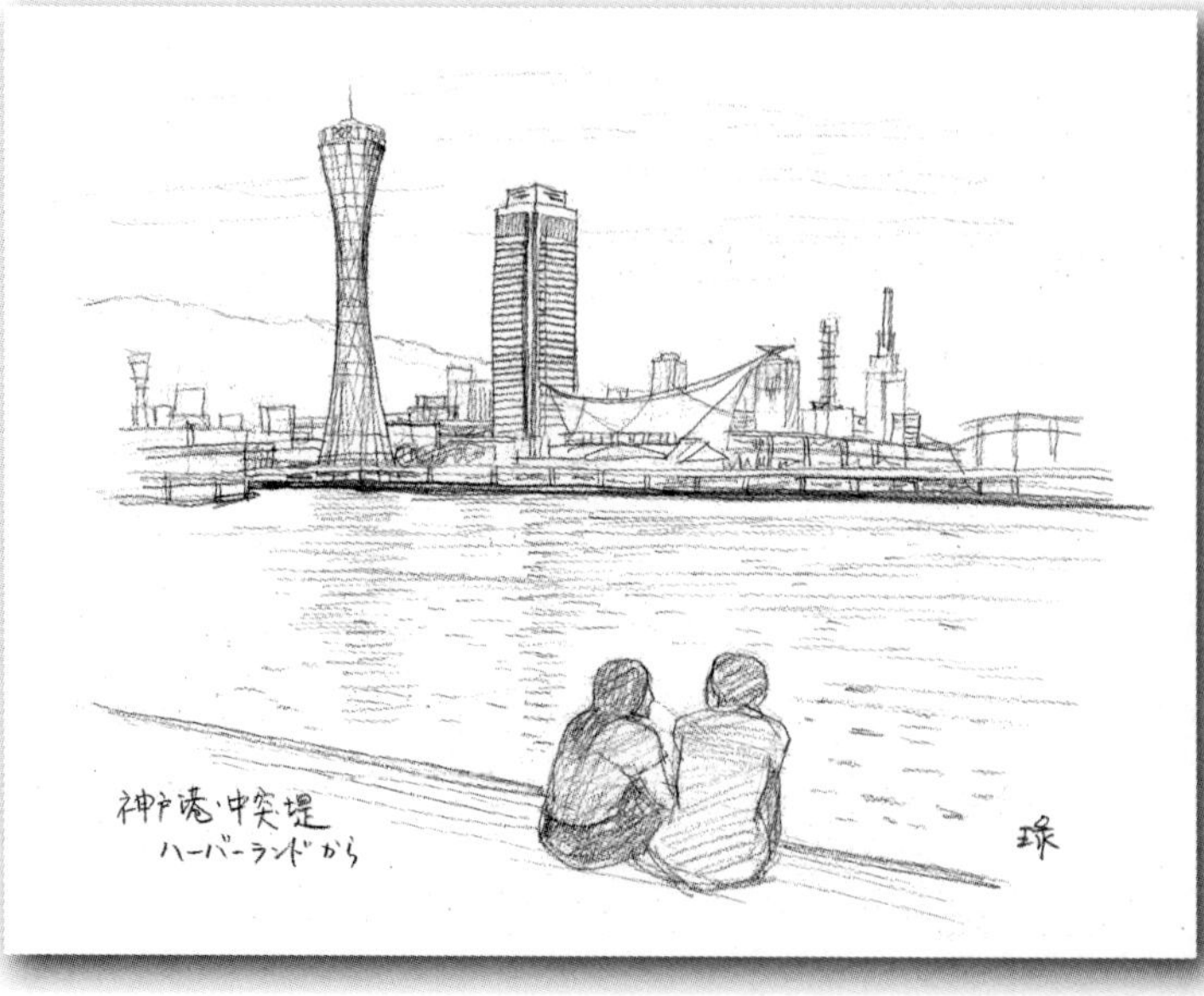

神戸港中突堤
イラスト／松村琢郎